ボディパーカッション de クラスづくり

すべての子どもとからだでコミュニケーション

山田 俊之 著

明治図書

はじめに

みなさんは「ボディパーカッション教育」というジャンルがあるのをご存じですか？ 手拍子，足ぶみ，ひざやおなか，おしり等をたたき，グループでアンサンブルをつくり出します。

友達同士で仲間意識をつくり，自己表現能力やコミュニケーション能力を高め，音楽的にはリズム感を育てる教育方法です。

私と「ボディパーカッション教育」との出会いは，1986（昭和61）年，小学校4年生を担任していた時。現在であれば発達障害と診断されたであろう，あるキレるタイプの男子「A男」をきっかけにクラスづくりの一環として行ったのがはじまりです。

学級担任として，A男と他の子どもたちとの人間関係をよくしたい，A男の自尊感情を高めたいと願い，簡単にできる身体を使ったリズム遊びやリズムアンサンブルを工夫してみました。これには予想以上にクラスの子どもたちも喜び，A男も積極的に参加しました。次第にクラスみんなが一体感や達成感を味わえる自発的なパフォーマンスとなり，この時の驚きと喜びを子どもたちと共有し，発展させたものが本書でご紹介する内容です。

「ボディパーカッション」という名称は，体全体（ボディ…body）の様々な所を打楽器（パーカッション…percussion）のようにたたいて音を出し，リズムアンサンブルをつくり上げることから，1986年に当時の子どもたちと一緒に名づけた造語です。最初は，子どもたちと「人間太鼓リズム」と呼んでいたのですが，何となく呼びにくいようでしたので，「ボディパーカッション」と英語読みに変えたところ子どもたちの評判がよく，その呼び方が現在まで続いています。

私自身，20年以上のボディパーカッション教育活動を通して，手拍子や身体でリズムを表現することは，集中力に乏しく注意散漫で多動な子どもにとって，感情の起伏を安定させるのに大変有効であると感じています。本書では是非「楽器ができなくても，歌が上手に歌えなくても，楽譜が読めなくても音楽は楽しめる！」を実感していただくために，ボディパーカッション誕生曲「手拍子の花束」を中心に，さまざまなバリエーションをご紹介したいと思います。

小中学校や特別支援学級における「学級活動」（特別活動），「音楽活動」（音楽科），「全校集会活動」（学校行事），「特別支援学級や特別支援学校との交流活動」（特別支援教育）など，さまざまな教育現場で活用できると思います。どうぞ多くの児童生徒たちと一緒に活用していただけることを願っています。

2011年2月

山田 俊之

CONTENTS

はじめに 2

CHAPTER I
ボディパーカッションってなぁに？

① こうしてボディパーカッションは誕生した ……………………………………… 6
② ボディパーカッション教育の魅力 ……………………………………………… 7
③ こんな場面でボディパーカッションが大活躍 ………………………………… 9
 1 クラスづくりに取り入れてみよう ……………………………………………… 9
  ① 身体表現は言葉以上に気持ちが伝わる 9
  ② コミュニケーション能力アップで人間関係づくり 9
 2 授業の中に取り入れてみよう …………………………………………………… 10
  ① 音楽の授業で 10
  ② 小学校の外国語活動で 11
 3 特別支援の必要な子どもたちに取り入れてみよう ………………………… 13
  ① 発達障害児のいる学級（特別支援学級での取り組み） 13
  ② 知的障害児のいる学級（養護学校での取り組み） 14
  ③ 聴覚障害児のいる学級（聾学校での取り組み） 16
④ だれでもできる！ボディパーカッション指導のポイント …………………… 18
 1 リズム遊びの指導のポイント …………………………………………………… 18
 2 ボディパーカッション「手拍子の花束」の指導のポイント ………………… 20
⑤ ボディパーカッションで子どもたちがこんなに変わった！ ………………… 21

CHAPTER II
ボディパーカッションをやろう！

① みんなが先生に注目する！リズム遊び
〜集中力がバッチリつきます〜

FILE 1	ハンカチリズム PART 1	24
FILE 2	ハンカチリズム PART 2	25
FILE 3	ハンカチリズム PART 3	26
FILE 4	手回しリズム PART 1	27
FILE 5	手回しリズム PART 2	28
FILE 6	手合わせリズム	29
FILE 7	手回し＋手合わせリズム	30
FILE 8	手拍子リズム名人　ノーマル名人コース	31
FILE 9	手拍子リズム名人　スーパー名人コース	32
FILE 10	手拍子リズム名人　ウルトラ名人コース	33

② 一日が楽しくはじまる！楽しく終わる！リズム遊び
〜朝の会・帰りの会にオススメ〜

FILE 11	まねっこリズム一週間　月曜日	34
FILE 12	まねっこリズム一週間　火曜日	35
FILE 13	まねっこリズム一週間　水曜日	36
FILE 14	まねっこリズム一週間　木曜日	37
FILE 15	まねっこリズム一週間　金曜日	38

③ 子どもの表現力がアップする！リズム遊び
～コール＆レスポンス，体で会話しよう～

FILE16	みなさんリズム PART 1	39
FILE17	みなさんリズム PART 2	40
FILE18	みなさんリズム PART 3	41
FILE19	みなさんリズム PART 4	42
FILE20	みなさんリズム PART 5	43

④ クラスみんなが一つになれる！ボディパーカッション
～クラスの団結力が一気に高まります～

FILE21	手拍子の花束「チューリップ」～tulip～	44
FILE22	手拍子の花束「チェリーブロッサム」～cherry blossom さくら～	46
FILE23	手拍子の花束「ダンディライオン」～dandelion たんぽぽ～	50
FILE24	手拍子の花束「サンフラワー・ステップ」～sunflower-step ひまわり・歩行バージョン～	54
FILE25	手拍子の花束「ダンディライオンⅡ」～dandelionⅡ たんぽぽⅡ～	58
FILE26	手拍子の花束「ダンディライオン・シューティングスター」～dandelion-shooting star たんぽぽ・流れ星バージョン～	62
FILE27	手拍子の花束「サンフラワー・ステップ＆ランニング」～sunflower-step&running ひまわり・かけ足バージョン～	64

⑤ 歌って踊ってみんなノリノリになる！ボディパーカッション
～楽しい動きや大好きな歌でもり上がります～

FILE28	みんななかよしパンパンパン	68
FILE29	手びょうし・足ぶみドンドコドン	70
FILE30	崖の上のポニョ	72
FILE31	手のひらを太陽に	76
FILE32	モグラ・ストンプ	78
FILE33	ピーチク・パーチク・ポンポコリン	82
FILE34	みんなでグー・チョキ・パー	84

おわりに　87

 CHAPTER I　ボディパーカッションってなぁに？

1　こうしてボディパーカッションは誕生した

　　　　　　　　＊　　　　　　　　＊　　　　　　　　＊

「A男が暴れています！　先生早くきて下さい」
　女の子が金切り声を上げ叫んで職員室に入ってきた。この子たちを受け持ち，始業式からこれで10日間続いたことになる。小学校4年生の担任になって職員朝礼の時，毎日のようにクラスの子ども達が呼びにきていた。慌てて階段を駆け上がって2階の教室まで全速力でいく。だれか怪我をしていないだろうか，教室の扉を開けるまでは不安でいっぱいになる。ドアを開けて教室を見渡すと，A男が教室のほぼ中央に立っており，その周りは誰もいない，A男を中心に同心円を描くように遠巻きにみんなが見ている。一人の女の子が教室の隅で泣いており，A男は肩で息をしてまだ興奮状態が続いている。
「どうした！」
　と私が聞くと，A男は一点を見つめたまま目に涙を溜めて何も答えない。周りの子ども達にどうしたのか聞いてみると，A男がいつものように急に怒りだして，自分の机や椅子を蹴って倒したりし始めたようだった。少し興奮状態から落ち着くのをみて，A男の肩を抱くようにして
「A男どうしたんだ」
　と聞いた。A男が
「B子ちゃんが消しゴムを貸してくれなかった」
　とぽつりと言った。教室の隅で泣いているB子に聞いてみると
「A男の言ったことがよく聞こえなかった」
　と答えた。1986年当時勤務していた福岡県久留米市立大橋小学校の時である。周囲に高い建物がなく，のどかな農村地帯で1学年1クラスという，1年生の時からほとんど同じ顔触れの子ども達の小規模な小学校である。A男のことは，周りの子ども達はある程度慣れており，人間関係も定着していた。しかし，「キレる」状態になるのは小学校3年生頃から激しくなったようだった。そして，先述のような事が毎日のように起こっていた。
　A男はきつく叱ると教室から出て行き運動場を逃げ回ってしまう。数日前は私と1時間ほど学校中を走り回り，午前中はずっとA男の右手を持って授業を行っていた。しかし，興奮が静まると何事もなかったようにしているのが常であった。ある時は，生徒が私を慌てて呼びにきたので急いで教室に行ってみるとA男がいない。どこにいるのだろうと教室を見回すと，なんと木製のテレビの上にいるではないか。当時は，画面18インチで木製の頑丈なテレビが教室前方の左側にあり，A男がその上に乗って，押しピンをみんなの方に向かって投げていた。それから，A男のことを何とかしたいと思うようになってきた。
　当時は，勉強が苦手で運動も苦手な子どもはどこで自分の存在価値を見つけるのだろうと教師として悩んでおり，A男がまさにこれに当てはまる生徒だった。
　ある日，給食準備中の放送でリズミカルにアレンジした「アイネ・クライネ・ナハトムジーク」（モーツアルト作曲）の演奏が聞こえてきた。今まで音楽の時間でもなかなか集中できず，歌や合奏にも興味

を示さなかったＡ男が，なんとその曲に合わせて手でリズムを取っているではないか。その時，手拍子などを使ってＡ男も参加できる楽しい授業が出来るのではないかと考えた。Ａ男は授業中注意散漫でなかなか集中して物事を持続できない。そこが一番の課題だった。早速，その年の夏休みに教材作りを始めた。

　子どもにとって一番辛いことはクラスの仲間から認めてもらえず，疎外感を味わうことだ。当時，私はＡ男がクラスの一員として所属感や仲間意識が持てる良い方法はないかと考えていた。そして出来上がった自主教材が，ボディパーカッションを取り入れた『山ちゃんの楽しいリズムスクール』である。朝の会，帰りの会，学級活動や「ゆとりの時間」（昭和61年当時の呼称）などで１日に５分から10分程度行っていった。他の子ども達への働きかけとしては，体で表現することの楽しさを伝えた。Ａ男が集中できれば他のみんなもできるはず。Ａ男が楽しければみんなも楽しい。Ａ男のクラスで「ボディパーカッション教育」を始めて約半年が経った。この間にＡ男は落ち着きを取り戻し，他の教科の授業に対しても参加する姿勢を見せてくれる様になった。それは，「ボディパーカッション教育」によって自分が参加できる場が生まれ，周りの子ども達がＡ男を認めてくれる雰囲気ができたからだと感じている。それから15年後，（2001年），ＮＨＫ交響楽団が演奏する「アイネ・クライネ・ナハトムジーク」に合わせてボディパーカッションの子ども達の共演が実現するとは誰も想像できなかった。

（2009年度　第44回ＮＨＫ障害福祉賞最優秀作品受賞論文より抜粋）

*　　　　　　　　　＊　　　　　　　　　＊

　以上が，ボディパーカッション誕生の経緯です。「Ａ男をどうにかしたい！」という気持ちでスタートした活動ですが，取り組むうちに，子どもたちの集中力・表現力・コミュニケーション力等の育成や，クラスの団結力をはぐくむなど，ボディパーカッションのもつさまざまな力が見えてきました。そして何より，Ａ男以外の子どもたちも含めて，「みんなが楽しく活動できる」ということが，最大の魅力だと感じています。

　そこで本書では，ボディパーカッションは初めて，という先生方に向けて，ボディパーカッションの基となる誰もが楽しめるリズム遊びから，クラスが団結して取り組めるボディパーカッションの活動までを，分かりやすくご紹介していきます。

２　ボディパーカッション教育の魅力

　ボディパーカッション教育は，楽譜を読む能力や音楽的経験の有無に関係なく，だれでも取り組むことができます。従来の音楽科の授業では，「リズム打ち」というと，歌やメロディーに合わせる伴奏的役割として補充的な存在であったのに対して，ボディパーカッション教育では，リズムをみんなで一緒に打つことが主体となっています。

　私も最初は，教室での学級活動（特別活動）や朝の会，帰りの会においてボディパーカッションを取り入れていました。すると，歌唱や器楽といった一般的な音楽活動を苦手とする子どもたちも意欲的に取り組めたので，次第に，音楽科授業をはじめ，学校行事，授業参観，クラ

ブ活動，養護学級との交流会，総合的な学習の時間，日曜参観，親子レクリエーションなど，さまざまな教育の場でもボディパーカッション教育活動を取り入れるようになりました。

身体全体（声も含めて）を楽器として使い，友達と協力して創造的にリズム生み出すこの活動は，児童生徒の自己表現能力やコミュニケーション能力を高め，音楽的にはリズム感を培ったり，リズムの重なりを学ぶことができると思います。

それでは，ボディパーカッション教育で楽しめる五つの要素をあげてみましょう！

ボディパーカッションで楽しめる五つの要素

その1　「リズムアンサンブルだけで音楽が楽しめます！」

音程がなくても，リズムと音色を組み合わせることで十分に楽曲として成立し楽しむことができます。また，リズムの学習や曲に合わせて身体表現し，簡単なリズム遊びをする等の活動として，音楽の授業の中に組み入れることができます。

その2　「聴覚障害があっても音楽は楽しめます！」

手拍子や足ぶみ，おなかやおしりをたたくなどを組み合わせて，身体をたたく振動や視覚的要素が楽しめるので，難聴の児童生徒を含めた学習の活用や，聴覚障害・特別支援学校において活用ができます。

その3　「音楽が苦手な生徒も音楽が楽しめます！」

小学生の子どもたちの技能の実情に合わせて，リズムが簡単なパートと難しいパートとに振り分けることができます。また，特別支援学級との交流などでは，子どもたちの能力に応じて，やさしいパートと難しいパートに分ける配慮ができます。

その4　「コミュニケーションが苦手な子どもも音楽が楽しめます！」

身体を使ったノンバーバル（非言語）コミュニケーションですので，友達とのコミュニケーションが苦手な子ども同士や，不登校傾向の子どもを含めたグループ活動に対しても有効です。子ども同士でつくり上げるリズムアンサンブルの一体感や達成感を通して，社会性，協調性を育てる活動につながります。

その5　「知的障害特別支援学校の子どもたちも音楽が楽しめます！」

ボディパーカッション教育の場合は，リズムがピッタリ合うことだけを目標とせず，うまくリズムが合わせられない子どもへの対応も配慮しています。具体的には，リズムをうまく打てる子どもと打てない子どもを同じパートにして，うまく打てる子どもが多い場合は，打てない子どものリズムを音楽的には装飾音符としてとらえているのです。身体的に反応が難しい子どもにとっても許容範囲が大きいので，知的障害特別支援学校での活用も有効です。

こんな場面でボディパーカッションが大活躍

■1 クラスづくりに取り入れてみよう

　21世紀には多様な文化，価値観を持った人々が共に生きる社会が現実化します。ボディパーカッション教育は，言葉でうまく説明できなくても，顔の表情や身体を使って，身振り手振りで説明が可能です。このことは，言語を使って論理的にうまく説明できない子どもにとっても，相手と対面していれば十分に自分の意思伝達が可能になるということです。

　小学生は使用する語彙数がまだ少なく，言葉だけではなく顔の表情・身振り手振りも含めて，お互いに相手が好意的に思っているのか拒否しているのかを感覚的に判断します。「相手を思いやり，相手の自尊感情を大切にする心」は，非言語コミュニケーションでも十分に伝わると考えています。

① 身体表現は言葉以上に気持ちが伝わる

　ある小学校の先生方から「クラスの中で，このボディパーカッションを取り入れると，立場が逆転する時がよくありますね。」と言われたことがあります。このことは，大変重要な意味を持っていると思います。今までクラスでなかなか認めてもらえず，注意散漫で多動傾向のある児童が，ボディパーカッション活動のなかで大いに活躍し，相手に認められ自己実現につながっている場合も多く見られたからです。

　ある児童のその後の成長ぶりを見ると，ボディパーカッションの活動が，間違いなく自己表現能力，コミュニケーション能力，リーダーシップ能力の育成に大きな効果があったと考えられます。彼は，行事や発表会等を行うたびに「感動」や「成就感」を友達と共有し，自己実現に向かうことができました。

　ボディパーカッション教育における「コミュニケーション能力」とは，自己表現力であり，自分の思いや願いを相手に伝える力だと考えています。特に，子ども同士は顔の表情や身振り手振りが大変重要で，言葉以上に気持ちを伝達することができると考えています。

　ボディパーカッション教育は，身体表現で自分の気持ちを伝え，相手と納得しながら一つのリズムをつくり上げます。そして，でき上がった作品を発表していくという過程を通して，子どものコミュニケーション能力を高めることになります。

② コミュニケーション能力アップで人間関係づくり

　1999年より久留米養護学校で教育相談を担当していました。その時，2000年より1年間，公的不登校施設（久留米市適応指導教室「ラルゴ」）においてリズム遊びやボディパーカッションを取り入れた遊戯療法に取り組み，大きな効果を上げることができました。

不登校施設では，人前で恥ずかしがって表現できない子どもが多く，それに影響されて積極的にかかわることをやめる子ども，別の部屋に閉じこもり，みんなの輪に入れない子どもなどもおり，集団で一つのものをつくり上げるのは極めて難しい状況でした。
　対象は小・中学生約18人，最初，「まねっこリズム」「みなさんリズム」のセッションからはじめました。次に，定番のボディパーカッション「手拍子の花束　バージョン１」に挑戦し，メンバー全体をＡ，Ｂの２グループ（３パート）に分けて練習しました。普段は友達の中に入ることもできず，別の部屋で閉じこもっていた生徒が一緒に活動に参加したのですが，子どもたちのこの変化に施設の先生方は驚いたそうです。
　さらに，一緒に参加していた日常指導の先生が，「人前で発表することなど，全くできない生徒が皆の前で手をたたいて声を出していました。普段，この施設の大半の生徒は，全く活動に参加しない生徒に影響され，活動に対する意欲が見られなくなることが多いのですが，ボディパーカッション活動の場合は楽しくできていました。」と教えてくれました。
　ボディパーカッション教育は，子ども同士でつくり上げるリズムアンサンブルの一体感や達成感を通して，社会性，協調性を育てる活動になります。人間関係（コミュニケーション）を苦手とする子どもたちや不登校の子どもたちにとって，コミュニケーション能力を高め，豊かな人間関係づくりに有効であると考えています。友達と協力して活動することにより，コミュニケーション能力を高め協調性を身につけることをねらっています。

２　授業の中に取り入れてみよう
①　音楽の授業で
　小学校音楽科では，子どもたちが多様な音楽活動を通して音楽のよさや美しさに触れ，心豊かに生きていく資質や能力を身につける教育をめざしています。そのためには，子どもたちが主体的に個性的で創造的な学習活動を展開できる学習活動の工夫・改善を図る必要があります。
　ボディパーカッションの動きは，体育科のダンス表現と音楽表現に関連しています。歌唱や器楽といった一般的な音楽表現活動を苦手とする子どもたちも，自分の体を自由に動かしながらリズムにのることで，意欲的に自己の思いや願いを表現することができます。体全体を打楽器として使い，友達と協力して創造的にリズム生み出すこの活動は，楽曲の構成やリズムの重なりの面白さを楽しみながら学ぶことができます。私が今まで行ってきた授業実践における子どもたちの表現内容，活動の様子の分析から，ボディパーカッションは子どもの創造性を育て，豊かな感性をはぐくむ上でも大変有効であることが分かりました。
　音楽科学習において，動きを音楽表現と関連づけた「ボディパーカッション」による学習展開を工夫する。そうすれば，子どもは音楽活動の楽しさや喜びを感じ取り，創造的表現を行うようになります。各学年にボディパーカッションを生かした単元を設定し，体全体でリズムを感じ取り，伸び伸びとした表現活動を行うことができると思います。

ボディパーカッションは，小学校音楽科の内容に大変かかわりの深い活動です。各学年において，ボディパーカッションを生かした題材を設定することができます。例えば，低学年の指導内容で重視されているリズムに重点を置いた活動では，特に有効です。又，中学年では速度や強弱を感じ取って表現する活動に取り入れることができ，高学年では音の重なりを重視する活動で有効です。音楽の学習指導要領（平成20年告示）において，ボディパーカッション教育を効果的に活用できる場面をあげてみましょう。

音楽科におけるボディパーカッションの活用場面

① **実際の音楽活動を通して音楽の要素や仕組みを理解する**

今回新設された〔共通事項〕において，「音色，リズム，速度，旋律，強弱，拍の流れやフレーズなどの音楽を特徴付けている要素」や，「反復，問いと答えなどの音楽の仕組み」（何れも低学年）を，実際の音楽活動を通して理解するよう示されております。ボディパーカッションでは，まさに体でリズムや拍，フレーズを感じることができます。

② **体を動かす活動を取り入れながら音楽を味わう**

「指導計画の作成と内容の取扱い」において，「音楽との一体感を味わい，想像力を働かせて音楽とかかわることができるよう，指導のねらいに即して体を動かす活動を取り入れること。」とあります。体をつかってリズムをたたくボディパーカッションでは，音楽と一体になる瞬間を味わうことができます。

③ **リズムの模倣で発想を豊かにし，即興的な表現力をはぐくむ**

「指導計画の作成と内容の取扱い」において，「音遊びや即興的な表現では，リズムや旋律を模倣したり，身近なものから多様な音楽を探したりして，音楽づくりのための様々な発想ができるように指導すること。」とあります。ボディパーカッションの基となっているリズム遊びには，リズム模倣や即興のリズムづくりもあり，楽しみながら表現力を育成することができます。

---

② 小学校の外国語活動で

平成23年度から小学校外国語活動が全国で繰り広げられことになり，新学習指導要領では小学校5・6年で週1コマ「外国語活動」を実施することになりました。

以前，教育委員会派遣で（財）久留米観光コンベンション国際交流協会に勤務していたことがあります。その際，アジア，欧米の数か国から小・中学生が来日して，地元の小・中学生と一緒に交流会に参加しました。その時痛切に感じたことは，「英語は世界の公用語になっている！」でした。そして，英語を上手に話すことより「子どもが意欲的にコミュニケーションを図ろうとする」ことが大切だと感じました。

コミュニケーション能力の素地を養うことを目標にするためには，歌やゲーム，挨拶など，

子どもたちが興味を持って体験的に取り組める活動が大切だと思います。先述の交流会でも，英語が少し分かる中学生より，元気のよい小学生の方が積極的にコミュニケーションを取っていました。そこで，小学校外国語活動の中で，下記のようなボディパーカッションを通して簡単に英語活動に取り組める教材を提案したいと思います。

小学校外国語活動におけるボディパーカッション教材
「リズム DE コミュニケーション」にチャレンジ！

　ボディパーカッションの原点である，リズム遊び「みなさんリズム」（p.39～収録）の英語バージョンです。題して「リズム DE コミュニケーション」。挨拶やゲームをするような感覚で，楽しく英語に親しむ教材です。指導者と参加者で行う，2小節の「コール＆レスポンス」スタイル（問答形式）のリズム遊びになります。

具体的方法

　日本語では，指導者がみんなに「みなさん」と声をかけながら「こんなこと こんなこと できますか？」と2小節単位のリズムを打ちます。それに対して児童が「なんですか」と答えて，「こんなこと こんなこと できますよ」と言いながら指導者の2小節単位のリズムを模倣します。それを英語バージョンで行います。くわしい指導方法は p.39～を参照してください。

＜日本語の場合＞

　指導者　「みーなーさん！」
　子ども　「なんですか？」
　指導者　「こんなこっと　こんなこっと　できますか？」
　　　　　（2小節単位のリズムを身体表現しながら言う）
　子ども　「こんなこっと　こんなこっと　できますよ！」
　　　　　（それに答えるように児童が指導者の模倣を行いながら言う）

＜英語活動の場合＞

　指導者　「エーブリー　ワン」（Every one?）
　子ども　「イエス　アイ　ドゥー」（Yes, I do.）
　指導者　「キャン　ユー　ドゥー　ライク　ディス　アンド　ザット？」
　　　　　（Can you do like this and that?）
　子ども　「アイ　キャン　ドゥー　ライク　ディス　アンド　ザット」
　　　　　（I can do like this and that.）

　うまくできるようになったら，徐々にリズムパターンも増やして楽しんでください。また，体をたたいて音を出すことに留まらず，ジェスチャーやダンスのような身体表現を取り入れることが，コミュニケーション能力の向上につながると思います。

3 特別支援の必要な子どもたちに取り入れてみよう
① 発達障害児のいる学級（特別支援学級での取り組み）

　冒頭でご紹介したＡ男は，自己表現が苦手で，友達との些細なことからトラブルを起こし，衝動的に暴れたり，教室から飛び出したりしていました。授業中も注意散漫で物事を持続できませんでした。

　文部科学省が2003年の答申で示した「通常の学級に在籍する特別な教育的支援を必要とする児童生徒に関する全国実態調査」の調査結果によると，「知的発達に遅れはないものの，学習面や行動面で著しい困難を示す」と担任教師が回答した児童生徒の割合は6.3％となっています。また，2007年の文部科学省の報告によると，東京都江東区の小学校で現在最も多い学習支援講師派遣内容は，「発達障害によると思われる学習上の困難に対する支援である。」[i]とあります。

　おそらく，Ａ男は何らかの発達障害に該当していたと思われます。そして，現在であれば，Ａ男の特性に応じた支援が校内支援体制の中で行われていたのではないかと思います。このように，さまざまな支援を必要とする子どもたちが，一つの教室の中で，ともに学ぶ機会が増えています。

　しかし，当時を取り巻く教育環境の中では，ＡＤＨＤ（注意散漫，教室から飛び出す），高機能自閉症（自己表現が苦手），アスペルガー症候群（会話がかみ合わない，急に怒り出す），ＬＤ（教科書は読めないが日常会話は普通＝学習障害）などの症状に対する適切な指導方法や名称は見あたりませんでした。

　文部科学省は「『特別支援教育』とは，障害のある幼児児童生徒の自立や社会参加に向けた主体的な取組を支援するという視点に立ち，幼児児童生徒一人一人の教育的ニーズを把握し，その持てる力を高め，生活や学習上の困難を改善又は克服するため，適切な指導及び必要な支援を行うものである。」[ii]と述べています。

　特別支援学級に多く在籍する知的発達に遅れのある子どもたちにとって，文字・言語によるコミュニケーションより，顔の表情，身振り手振りなど身体表現における非言語コミュニケーションの方が，相手の気持ちや伝えたいことを理解することが多いと考えます。

　また，通常学級の中でも，明らかに特別支援が必要なＡＤＨＤ（注意欠陥多動性障害），アスペルガー症候群，高機能自閉症，ＬＤ（学習障害）などの発達障害に該当する児童生徒がみられます。これらの子どもたちにとっては，通常のかかわり方では相手の気持ちを推し量ったり，周りの人にあわせた行動をとったりすることが困難なことも多く見られます。

　ボディパーカションは，周りの人と自分の行為をどのように協調させていくかを分かりやすく体験することができます。また，その結果を楽しさや喜びとして共有することもできます。

　健常児も含めてどの子にとっても，子ども同士が楽しく生き生きとコミュニケーションが取れる教材として，「ボディパーカション教育」（リズム身体表現活動）を取り上げていただきたいと思います。

② 知的障害児のいる学級（養護学校での取り組み）

　ボディパーカッション教育に取り組みはじめて10年目，障害児教育に取り入れたいと考え，1996（平成8）年に同じ市内の久留米養護学校に転任しました。所属したのは高等部です。早速，同じ高等部の先生や校長先生（現在，特定非営利活動法人ボディパーカッション協会理事）にご相談し，年間指導計画でリズム身体活動に取り組むことにしました。期間は6月〜10月，対象は久留米養護学校高等部生徒男女約30名です。生徒に目標を持たせるため，10月に行う文化祭での演奏発表の機会を設定しました。

　生徒の主な症状は，自閉症（広汎性発達障害），ダウン症，脳性まひ，知的障害，肢体不自由を含む重複障害等です。ある程度想像はしていましたが，指導は簡単ではありませんでした。

　「ボディパーカッションの楽しさを伝えるには，どうしたらいいのだろうか……」。そんな不安で一杯になりました。自閉症や重複障害の生徒の中には，リズムの流れに乗って活動することが難しい生徒もいます。また，脳性まひのため，車いすに乗って全面介助（介助者が食事等の摂取，排泄物等の世話をすべて介助）の生徒もいます。

　「障害がある生徒にとってのボディパーカッション教育とは何か」をもう一度考え直しました。健常児の場合は，「子ども自身が楽しむ」という部分と，作品として表現し「演奏して見せる」という部分が共存しています。しかし，養護学校の場合は違います。まずは「見せるための表現」ではなく，「生徒自身が純粋に楽しむ表現」でなければならないと考えました。それは，今まで勤務していた小学校の基準とはまったく違うものでした。

　養護学校の子どもたちにとっては，「手を打つ」「ひざをたたく」「おなかをたたく」といった簡単な動作が難しいのです。何度も同じ動作を繰り返して教えますが，「同じ動作を繰り返す」こと自体が身体的に困難だったり，自分で意思を表示することが難しかったりする生徒もいます。そんな中で，ボディパーカッション教育をどれだけ活用できるかはまったく未知数でした。そして，同僚の先生方と相談し，今までの健常児の指導とは違う，子どもの学習への意欲，関心，参加の度合いを評価する新たな基準を考えました。それが次の4点です。

養護学校におけるボディパーカッションの参加評価基準

① 手足が上手く動かせなくても声を出し笑顔が見られたら，その生徒は授業に参加していると考える。

② 注意散漫で活動に参加しない生徒がいても，日頃より真剣に取り組む様子が見られたら授業に参加していると見る。

③ 全面介助の生徒は，教師が手を取り手拍子を打つ，おなかをたたく，ひざをたたく，その刺激によって，生徒が喜ぶ。それが，その生徒にとってのボディパーカッションであると考える。

> ④ リズムに合わせることができない生徒が，他の生徒が演奏しているその動きや音に同調してとびはね，気分がよいと手拍子を打つ。それがその生徒にとってのボディパーカッションであり，授業に参加していると考える。

　生徒たちと一緒に，「花火」[iii]という曲に取り組みました。この曲は5～7人の生徒が円をつくって，お互いの演奏を見合いながらグループ全員が同じリズムの手拍子やひざを打ちます。そこで，生徒の輪の中に先生が入り，先生と同じように生徒がリズムを打つ練習からはじめました。

　この曲は，花火の雰囲気を出すために，後半部分には手拍子とひざ打ちをしながら「パーン」と大きな声を出し，その瞬間に両手も大きく上に広げます。この動作がグループの一体感や達成感を高めています。

　ボディパーカッションはリズムだけで音程がないので，少しずれた手拍子などがあっても装飾音符（打楽器の奏法ではフラム打ち）としてとらえることができます。音楽的には全く問題がありません。生徒も気持ちよくリズムを打ち，音を感じることができます。

　先生方の熱心な指導もあり，生徒の上達ぶりは，私の想像をはるかに越えるものでした。最初は不安そうだった生徒の表情も，見違えるほどに生き生きして積極的になってきました。

　養護学校の生徒にとって，リズムを感じて手拍子，足ぶみをし，おなかやひざを打ち，体を刺激する活動は，生徒たちがお互いに意欲的に取り組む姿勢を向上させる効果がありました。練習から本番の文化祭を通して，素直に体を動かしうれしさを全身で表現する生徒の姿は「音を楽しむ」，まさに音楽の原点を見るようでした。

　肢体不自由の子どもたちにとって，知的発達に遅れのある子どもたちにとって，自閉的傾向のある子どもたちにとって，ボディパーカッションの何がよかったのでしょうか。ここで整理して述べておきましょう。

> **養護学校の生徒にとってのボディパーカッション**
> **肢体不自由の子ども**…楽しさの中で，動ける動作をフルに活用しようとすることができる。
> **知的障害の子ども**……遅れても，はずれても，自分なりの表現で楽しむことができる。
> **自閉症の子ども**………手順，役割が明確で，周りとあわせることが体験できる。　　なと

　そして，2006年12月，ボディパーカッションが誕生して20年後に，ボディパーカッション誕生のきっかけになった曲「アイネ・クライネ・ナハトムジーク」（モーツァルト作曲）で，養護学校高等部の生徒約20名がNHK交響楽団トップメンバーと共演できたのは，本当に運命的な出来事でした。

③ 聴覚障害児のいる学級（聾学校での取り組み）

　聾学校で取り組んだボディパーカッション教育の中で，私にとって感動的で素晴らしい出来事をご紹介しましょう。

　　　　　　　　＊　　　　　　　　　　　　　＊　　　　　　　　　　　　　＊

　平成9年（1997年）1月，「ボディパーカッション教育」に取り組み始めて10年が過ぎ，私が勤務した経験のある小学校や，発達障害のある子が在籍する養護学校（現：特別支援学校）の教育現場では，ボディパーカッション教育は大変有効であり，子ども達は大変楽しんでくれた。しかし，私は「音が聞こえない聴覚障害の子ども達は，音楽が楽しめるだろうか？」という疑問が浮かんだ。

　早速，同じ地域にある福岡県立久留米聾学校へ連絡をとって
「音楽の授業は行われているのでしょうか？」
　と聞いてみた。今から考えると大変失礼な質問である。担当の先生は
「はい，もちろんあります」
と答えて頂いた。（＊尚，昭和48年以前は聾教育の学習指導要領では音楽の授業は『律唱』と呼ばれていた。）私は，早速，中学部の音楽の授業を参観させて頂くことになった。授業では，7人の生徒達が松任谷由美さんの「卒業写真」を合奏していた。キーボード・エレキギター・エレキベース・ドラムセットそしてパーカッションで一生懸命，先生の指揮を見ながら演奏を行っていた。

　生徒達は，先生の指揮を見ながら一生懸命演奏をしている。決してうまい演奏とはいえない。しかし，生徒達は真剣そのものだった。指揮者である先生の手の動きを真剣に見ながら，楽譜に合わせて一生懸命に演奏している。授業後，先生にいくつか質問した。

問「子どもたちは，自分たちが演奏している音は聞こえていますか？」

答「ほとんど聞こえていないと思います」

問「子どもたちは自分が演奏した音は全く聞こえないのですか，それともかすかに聞こえる子もいるのですか？」

答「多分，私たちが楽器の音として聞こえるような感じではなく，ザーとかビーとかいわゆる雑音のような音として聞こえるかもしれません。補聴器を付けている生徒は多分そのような感じで聞こえているのではないでしょうか」

　このような会話の中で，聴覚障害の子ども達にとって「ボディパーカッション教育」であれば自分の体を叩く振動や刺激が『音楽』として感じ取れるのではないか。つまり，耳が不自由でもボディパーカッションは自分の体を叩くのだから，強弱もリズムも簡単にわかる。まわりの人の動きも見える，友達同士音が聞こえなくても合わせることに問題はないはず。ボディパーカッション教育を是非取り組んでみたいと考えた。

　早速，当時の久留米聾学校校長先生へ
「聾学校でボディパーカッションの授業を取り組ませて下さい」
　とお願いしたところ，後日
「生徒の自己実現の場となれば」
　と受け入れて頂き，さらには次の年（1998年）10月に福岡県で開催される全日本聾教育研究大会の研

究演奏として披露することが決定した。

　いざ指導するとなると様々な不安が錯綜した。自分の叩く感覚はわかるが他の人は見ていなければテンポがずれてしまうのではないかとか，さらには私自身手話がうまくできなくて思いを伝えることができるだろうかという不安だった。しかし，いざ指導に入ると身振り手振りで大袈裟に説明しながら（手話のつもりでも手話になっていない）繰り返し手や体を打つしぐさを行って伝えようとしていた。しかし，私自身本当に伝わっているのか，生徒達が楽しいと感じてくれているのか，また私が指導している内容が理解できているのかが不安でいっぱいだった。聾学校の先生が手話通訳を入れる。私は生徒達に分かりやすい大きな動作をゆっくり話しながら説明する。生徒達は私の顔の表情や身振り手振り，さらには口の動き（口唇）などを読み取りながら感覚的に理解する。

　聾学校では繰り返し練習を行った結果，難度の高いリズムアンサンブルができるようになった。また，曲の後半には，生徒自身が考えた即興的な発表を取り入れて曲を構成するというような発展的な取り組みまででき，予想以上の結果であった。演奏会にはほとんど足を運ばない聴覚障害者が，リズム身体表現で演奏を披露することにより，演奏会で主役の立場なる。音が聞こえなくても，身振りから感じる"音楽"があると実感できた。

　不安いっぱいのスタートだったが授業を進めるうちに悩みは解消され，生徒達の屈託のない明るさに励まされた。こちらが，指導に行き詰まり困った顔をしていると「そんなに悩んでどうするの？」といった表情で，私の肩を叩いてニコニコと身振り手振りや手話で話しかけてくる。生徒達の明るさに圧倒されながらも指導は続き，曲のクライマックスでは生徒達が考えた即興演奏（アドリブ）を加えることにした。結果的には聾学校の生徒達にとって，自分の思いを相手に伝える自己表現能力を高められる内容だった。具体的は，二人で相撲を取っている様子やストリートダンスを取り入れたパフォーマンスなど元気いっぱいの個性と工夫が感じられた。

　約1年後，研究会本番当日になり研究演奏が始まった。
「タッ　ドドドン　タッ　ドドドン　タッドタッドタンドドン」
　一列に並んだ福岡県立久留米聾学校幼稚部，小学部，中学部合計約60名全員が，一斉に手拍子と足踏みを始める。
「タタタン，タタタン，ドンドンドン」
　次はグループごとに違ったリズムで追いかけ，輪唱のように重なっていく。
「パタパタパタ」
　と体を折り曲げておなかを叩く音が加わる。さらに，体のあちこちを手で打ち鳴らす音が響き，複雑なリズムになる。生徒達は楽しそうに体を揺すり，歩いたり飛び跳ねたりしながら自分の身体を使って音を出し自己表現を行う。見ている方も自然に体が動く。そして，発表曲『ダンシング・フォールズ（踊る滝）』のエンディングに入り全員の
「ヤ！」
　という声が会場全体広がり演奏が終わった。聴衆は，生徒達が聴覚障害をものともせず，自分自身の体の音を感じ取って生き生きと演奏する姿に圧倒され，一瞬時間と空間と音が止まってしまった。しかし，その後すぐに，約1200名の怒濤のような拍手がホール一杯に響きわたり，いつまでも鳴り止まなか

った。
　その後，(略) 健常児と聾学校の生徒のボディパーカッションとNHK交響楽団の共演が実現した。きっかけは，NHK交響楽団第一コンサートマスター篠崎史紀氏とお会いする機会があり，先のような「ボディパーカッション教育」の話をしたところ
「是非，一緒に演奏会を開きましょう」
　と言ってくれ実現したものだった。その後も篠崎氏との交流が続き，2004年，2006年と合計3回「NHK交響楽団とボディパーカッション演奏会」が実現している。

　　　　　　　　　　　　　　　　　　　　　　(2009年度　第44回NHK障害福祉賞最優秀作品受賞論文より抜粋)
　　　　　＊　　　　　　　　　　　　　＊　　　　　　　　　　　　　＊

---

i 「『特別支援教育支援員』を活用するために」文部科学省初等中等教育局特別支援教育課，平成19年6月
ii 「特別支援教育を推進するための制度の在り方について（答申）」中央教育審議会，平成17年12月8日
iii 「花火」は，筆者が久留米市立南薫小学校に勤務していた時（1989年），自主教材「山ちゃんの楽しいリズムスクール」を題材にボディパーカッション入門曲として作曲した。

だれでもできる！ボディパーカッション指導のポイント

　ボディパーカッションを取り組む時，常に意識してほしいことが次の言葉です。
「言葉でうまく表現できない子どもも体験して楽しく，だれもが参加できる！」
　「だれでも楽しく参加」できますので，ボディパーカッションは初めてという方もぜひ，取り組んでみてください。

1 リズム遊びの指導のポイント

　リズム遊びを指導する時，指導者は次の点を心がけましょう。
＜言語的なもの＞
　発問 …できるだけ分かりやすい言葉で問いかける。
　　例：手回しリズム（p.27～）の説明場面
　　　よくない例 「先生が肩を中心に手を大きく回したら大きな拍手を回しましょう。次に，ひじのところから回した時は普通の拍手。そして手首から先や指先を回した時は小さな拍手をしましょう。」
　　　→一度にたくさんの活動をもりこみ過ぎで，一つずつの説明も長い。
　　　よい例 「先生をよく見ていてごらん。手を回すときに，大きいときは大きく，小さいときは小さく拍手をしましょう。」
　　　→実際に見本を見せながら，言葉はなるべく簡潔に。低学年でも分かるように話すことを心がけることがポイントです。

指示 …具体的に体を使ってお手本を見せる（リズム打ち）。
説明 …言葉の説明は少なく，体や感覚（五感）で理解できるようにする。
　例：みなさんリズム（p.39～）の説明場面
　　よくない例 「運動会の時，ダンスをするようにリズムに乗って大きく足を動かして表現してみましょう。」
　　　→たとえを入れて説明していますが，イメージがばらばらになってしまう可能性があります。
　　よい例 「（実際体を動かして演技を見せながら）このようにやってみましょう！」
　　　→教師自ら自分のできる範囲で，"上手にできなくても"精一杯身体を動かしてお手本（模範演技？）を見せてください。低学年ほど，感覚（五感）に訴えるものがあると思います。そして，高学年は先生の情熱に心を動かされるかもしれません。チャレンジしてみてください！

＜非言語的なもの＞
態度 …子どもと同じ感覚と目線で授業をする。
動作 …リラックスして心も体も自然体を心掛ける。
表情 …できるだけ受容的態度や笑顔を心掛ける。

　以下に，本書に収録したリズム遊びの活動概要と効果をまとめました。取り入れる際の参考にしてください。

リズム遊びの活動概要と効果

活動名	こんな活動	こんな効果
ハンカチリズム	ハンカチを回している間だけ拍手を続けます。ハンカチを回すのをやめたら拍手をやめます。また，「ハンカチを，速くまわす　遅くまわす」などで工夫を凝らして指導者も楽しむことができます。	児童生徒の集中力を高めるのに有効なリズム遊びです。
手回しリズム	手を回している間，拍手を続け，手を回すのをやめたら拍手をやめます。 　ff　かたから大きく回す　　f　ひじから回す 　p　手首を使って回す　　pp　指先を回す	手の回し方で手拍子の強さや弱さの表現を視覚的に学習できます。
まねっこリズム	1小節単位のリズムの問答形式です。指導者のリズムや表現を模倣をすることで1小節単位のリズム感覚を体感できます。この時，手拍子だけでなく，おなか，ひざ，足ぶみ，おしりをたたく，ジャンプする，かたをたたくなどの体のさまざまな所を使って行い，リズム感と表現力を拍の流れに乗って楽しむことができます。	児童生徒自身が指導者になることができ，自尊感情を高める活動にもつながります。
みなさんリズム	最初に指導者がみんなに「みなさん」と声をかけながら「こんなこと　こんなこと　できますか？」と2小節単位のリズムを打ちます。それに答えるように子どもたちが「なんですか」と答えて「こんなこと　こんなこと　できますよ」と言いながら指導者の2小節単位のリズムを模倣します。	子どもたちが手軽にできるボディパーカッションの演奏につながるリズム遊びです。

2 ボディパーカッション「手拍子の花束」の指導のポイント

ボディパーカッション教材の10の効果

① 四つの簡単なリズムパターンでできているので,小学校低学年から取り組めます。

[楽譜：4つのリズムパターン 1, 2, 3, 4]

② 同じリズムパターンを繰り返すことで,最初はうまくリズムが打てない児童生徒も参加できるようになります。

③ リズムを間違えても,装飾音符(フラム打ち)としてとらえましょう。「間違いが間違いにならない音楽」になります。

④ 自分たちが考えたパフォーマンスをアドリブ表現として入れることで,オリジナルのボディパーカッションを楽しむことができます。

⑤ 楽器や歌が苦手な子どもでも,楽しく取り組むことができます。

⑥ 本書教材はスモールステップアップ活動ですので,子どもたちの意欲を高めていくことができます。

⑦ グループで一緒にする楽しさがあるので,学級経営に生かせます。

⑧ 手拍子を中心にして表現できるので,内気で言葉が少ない児童生徒にとっても取り組みやすく,大変有効な教材です。

⑨ 障害児学級の児童生徒も一緒に楽しめます。

⑩ 楽しみながらリズム感を養うことができます。

基本パターンを覚えよう

　本書では7種類の「手拍子の花束」を紹介していますが,何れも基本的な構成は同じです。簡単に解説しますので,次頁の基本パターンの図とともにご覧ください。

・全体を3パート又は4パートに分け,それぞれのパートは2小節のリズムパターンが与えられています。

・各パートのリズムパターンは,何れも4分音符,8分音符,4分休符を中心とした簡単なリズムでできています。

・各パートは8小節ずつ遅れて入り,重ねて演奏していきます(Ⓐ,Ⓑ,Ⓒ)。

・中間部で,4小節間,全パートが同じリズムを同時に演奏(ユニゾン)します(Ⓓ)。

・後半は,前半,最後に開始したパートから演奏をはじめ,前半同様8小節ずつ遅れて入ります(Ⓔ,Ⓕ,Ⓖ)。リズムパターンは前半と同じです。

・最後に再び全パートが同じリズムを同時に演奏(ユニゾン)し,ポーズを決めて曲を終えます(Ⓗ)。

CHAPTER I　ボディパーカッションってなぁに？

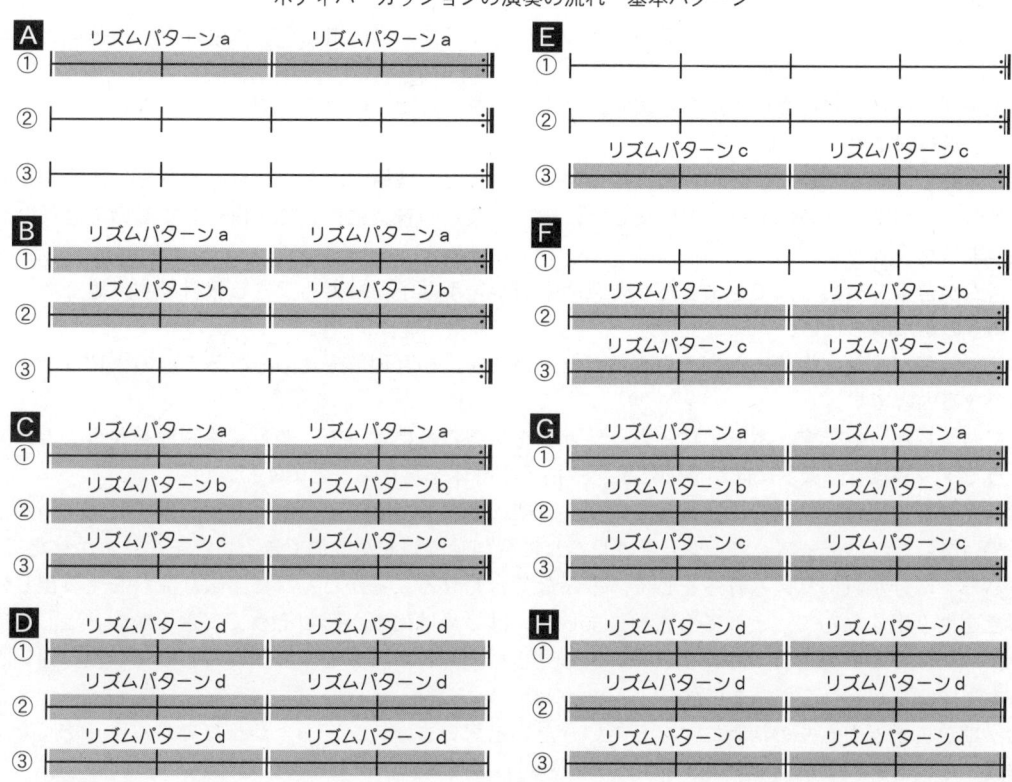

ボディパーカッションの演奏の流れ　基本パターン

　本教材はさまざまなバージョンがあり，基本のリズムから徐々に発展させることで，表現の幅を広げることができるようになっています（FILE21 p.44〜 FILE27 p.67）。また，演奏をカノン形式（各パートが追いかけっこのようにずれて入る）で行うことで，聴き合う力を養うこともできます。

5　ボディパーカッションで子どもたちがこんなに変わった！

　『ボディパーカッション入門』（2000年，音楽之友社）を発刊して10年が過ぎました。そして，現在ではさまざまな研究会や研修会でボディパーカッション教育について講座をさせていただいています。その時，受講された約5000名の先生方の研修会後のアンケート内容から，主なものをご紹介したいと思います。指導される上で教材活用のヒントがたくさんあると思います。
　次頁の感想は，神奈川県教育センター（2004，2005年。小・中・高校の先生方約340名対象），全国私立小学校研究大会（2008年），東京都小学校音楽教育研究会（2005年より5年連続継続中），各都道府県の音楽教育研究会の主催研修会（3時間〜1日）に参加された先生方が記述された内容を中心に抜粋したものです。その他，今まで受講された方々の感想文約3000名分をボディパーカッション協会のHP上に公開しています。参考にされてください。
HPアドレス　http://www.body-p.com/index.htm

<小学校>
- 手拍子だけでこんなに楽しめると思いませんでした。クラスで活用したいと思います。明日，子どもたちに会うのが楽しみです。
- グループで一緒にする楽しさがあります。グループを組んで，即興的に創作して発表したのでよかった。学級経営に生かしたいと思います。
- とても楽しく学習できました。音楽は笛や他の楽器など，技術的なものがウェイトをしめ，楽しめない子がいるのではといつも思っていました。誰でも楽しめ音楽に対して自信ももてるのではないかと思いました。
- リズムが苦手でも楽しくできました。音楽や楽器が苦手な子どもでもできる教材です。誰でもできるというのが素晴らしい。
- 内気で言葉が少ない生徒にとっても有効だと思います。相互理解や認められることの大切さを十分発揮できる内容です。
- とても楽しかったです。ボディパーカッションをやることによって，楽しく協調性を養うことができそうです。やはり，楽器に向かう前にまず，拍手や身体をたたくことですね。
- 障害児学級の児童がクラスに通級していて，音楽の授業でできることが少なくどうすればいいかと悩んでいました。ボディパーカッションはレベルに合わせて誰もが参加できることを知りよかったです。
- 各パートに分かれてリズム打ちをして，みんなで合わせることがこんなに素敵な流れを生み出し快い響きを生み出すなんて，とっても感動しました。はじめは何だか難しそうでできるかなぁと心配でしたが，たくさんの先生方のパフォーマンスも見られ，一日があっという間に終わりました。遠いところ本当にありがとうございました。
- 2学期から子どもたちの活動に生かしていきたいと思います。とてもよかったです。さっそく2学期実践したいと思います。小学校3年生の子どもたちはリズムにのってくれることでしょう。

<中学校>
- 中学校の英語の教師ですが，体育祭，学級活動で使ってみたいと思います。
- こんなに簡単だとは思いませんでした。全校集会で使ってみたいと思います。
- 大学在学時に打楽器専攻の友人の「ロック・トラップ」を見た時に，自分もやってみたいという気持ちがまた思い出されました。2学期以降授業でも取り入れる予定でしたので大変勉強になりました。
- 中学校で音楽を教えています。音楽の苦手な子や障害のある子，いろいろな生徒と楽しく気持ちよく音楽をするために，特にリズム感を養う指導は悩んでいました。今日の講座で指導方法のヒントをいただきました。

<特別支援学級及び学校>
- 年齢，障害に関係なく，だれもが音楽に親しむことができました。
- 今すぐ，どこでも，だれとでも体一つあればつながり合える教材でした。
- みんな違ってみんないい。年代や障害に関係なく，人として誰もが音楽に親しむことができました。
- 生活の中でリズムを感じることは，音楽でなくても動作の中でも大切な部分だとも思います。もっと多くの場面で活用できそうです。クラス（1年生）に持ち帰って子どもたちとリズムを体で楽しめたらと思います。
- 先生がさかんにおっしゃっていた「相互理解」や「認められること」の大切さは私も常に感じており（養護学校では特にそこを大切にしているのです），でも，それは学校教育での音楽の役割の原点であることを今日，ここにいらした方々と共有でき嬉しく思います。
- 学年の子どもたち（肢体の高1ですが）は身体をトントンとリズムよくたたくととても喜びます。だからボディパーカッションという名前を聞いて興味をもちました。期待以上にとても楽しかったです。

<高校>
・長い教員生活の中で，初めて音楽関係の研修を受けましたが，全てにスケールが大きく新鮮なテーマで大変参考になりました。
・言葉のない（少ない）児童・生徒にとって，とてもよい手がかりになりました。日本の音楽教育は小さい時にこんな風に「楽しむ」という要素が取り入れられていないので，音楽ぎらいをつくってしまうのかもしれません。
・音楽大学では教育の合奏の時間で，打楽器の合奏や身体表現などもやりましたが，自分たちが演奏するということで，現場に出てから指導の仕方でとても悩みました。これなら楽しくできそうです。
・高校で音楽を教えていますが，このグループ発表までをさっそく２学期にやってみたいと思います。アドリブのところを高校生がどんな風につくるか想像するだけでも楽しいです。
・「ロック・トラップ」という口笛などが入った曲を授業で取り入れたことがありましたが，ちょっと難しかったようです。しかし今回はすぐにできそうです。

▼ボディパーカッション教育の初期にＡ君とともに授業を受けた児童（当時）からの手紙（2010年９月）

「山ちゃんの楽しいリズムスクール」を体験して

福岡県久留米市立大橋小学校　４年１組（昭和61年当時）　古賀 建次

　山田先生との出会いは，小学４年生の時でした。一年間の間だけでしたが「楽しい授業をしてくれる先生」という印象が，今でも強く頭に残っています。授業やクラスのルールの中に，いつも「楽しむこと」と取り入れ，常に私たちの目線で考え，どんな子にも，その子に合ったチャンスを与えてくれる先生でした。
　そんな「楽しむ授業」の一環に，この「山ちゃんの楽しいリズムスクール」があったと思います。ネーミングやテキスト作りからクラス全員で考えて作り出すところからはじまり，毎回出される「お題」をみんなでクリアしていく楽しさがありました。
　回を重ね，難しくなるほどに，不思議とクラスには「一体感」が芽生えはじめました。リズムを打つのが苦手な子を，休み時間などにみんなでサポートして練習していました。今思うと，先生の一番の目的はここにあったのではないかと思います。実際，最終的にどこまで難しいリズムを打てるようになったのか覚えていません。しかし，「楽しい」や「一体感」という感覚は今でもはっきりと心に残っています。
　私が体験したこの授業が，のちに「ボディーパーカッション」として進化し，多くの方に認知されているということを知ったときはとても驚き，同時にすごく関心をもちました。
　現在，私は薬剤師として仕事をしているのですが，その仕事柄，多くの病気の方と接します。その中でも特に「子どものうつ病」が急増していることに危機感を感じています。実際に小学生に抗うつ薬や睡眠薬が処方されることも少なくありません。しかし，子どものうつ病には薬だけでなく，もっと必要なことがあるのではないかと，私は思います。それはいろいろとありますが，自律神経を整える「リズム運動」と子どもの大好きな「楽しい」という感覚をあわせもつ「ボディーパーカッション」は，大きな効果を発揮するのではないかと思いました。私たちが体験したように，みんなでやることで，子どもたちの心身の健康にとてもよい影響を与えてくれると思います。
　今，改めて当時を振り返ると「山ちゃんの楽しいリズムスクール」は，本当に先生の思いのこもった楽しい授業だったと思います。山田先生にはこれからも，この「楽しい」活動を，多くの子どもたちに広めてほしいと思います。私も子を持つ親になり，先生のやさしさや思いを学べたことを，今さらながら本当に感謝しています。ありがとうございました。

　それでは，さっそく次章から具体的な活動をご紹介します。なお，本書に収録したリズム遊び，ボディパーカッション演奏は，下記のサイトにて動画でご覧いただけます。聾学校の生徒の演奏も含めて，実際の活動風景をぜひ参考になさってください。

🎥リズム遊び，ボディパーカッション演奏の動画サイト　http://www.body-p.com/makeclass/

CHAPTER Ⅱ　ボディパーカッションをやろう！

1　みんなが先生に注目する！リズム遊び
〜集中力がバッチリつきます〜

FILE 1　**ハンカチリズム PART1**　難易度 ★☆☆☆☆

　自分の身近にあるものを使って楽しいリズム遊びをしましょう。用意するものは，ハンカチ1枚，これだけです。このリズム遊びでは，先生はハンカチを回すだけ。子どもたちは，そのハンカチの回し方に合わせて拍手をします。先生の動きに合わせて拍手をするので，子どもたちにとって，意外なほど先生への集中力がつくのです。

やってみよう

　先生はハンカチを片方の手に取り，それを頭の上で回してみましょう。子どもたちはそれを見て，ハンカチが回っている間だけ拍手を続け，先生がハンカチをさっととめた時，拍手をやめるようにします。

　回す時間は，最初は2〜3秒程度にし，徐々に時間を変化させ，5秒ぐらい回すのが適当です。この動作に慣れてきたら，回そうとした動作からすぐに取りやめるなど，フェイントをかけたりすると，子どもたちはさらに集中するようになります。

　次の段階では，ハンカチの回し方の強さや速さに気をつけてさまざまなパターンを楽しんでください。

チャレンジ！

　ハンカチを速く回したり，遅く回したりしてみたら，子どもたちはどうなるでしょうか。体（手拍子）で速さを学習できるよう，いろいろ回し方を工夫してみましょう。

- ハンカチを大きく回す…………大きく拍手をする
- ハンカチを小さく回す…………小さく拍手する
- ハンカチを速く回す……………速く拍手する
- ハンカチをゆっくり回す………ゆっくり拍手する

CHAPTER Ⅱ　ボディパーカッションをやろう！

FILE 2　ハンカチリズム PART2

難易度
★☆☆☆☆

　これも，「ハンカチリズム PART1」と同じようにハンカチを使ったリズム遊びです。ハンカチを頭上に大きく投げ上げてからキャッチするまで，ハンカチが手から離れている間だけ全員が拍手をします。単純なようですが，これも意外なほど子どもたちが集中しますのでどうぞお楽しみください。

やってみよう

　先生は，ハンカチを頭の上まであげて，それを再び手でキャッチする間，全員が拍手を続けるようにします。この時，ハンカチを投げあげる高さによって，拍手の時間をさまざまに変化をさせてください。ある時は小さく投げあげたり，またある時は大きく投げあげたり，さらには投げあげる動作を途中でやめて，実際にはハンカチを手に持ったままというようなフェイントを行います。ハンカチを投げる動作をさまざまに変えながら続けることによって，子どもたちは大変集中できるようになります。

チャレンジ！

- ハンカチを高く投げあげる……………長い間拍手をする
- ハンカチを低く投げあげる……………短く拍手する
- ハンカチを投げるふりをして投げない……子どもたちは思わず拍手をしようとする

FILE 3　ハンカチリズム PART3

難易度　★★☆☆☆

最後に，ハンカチリズム PART1 と PART2 を組み合わせてみましょう。ハンカチを回す，とめる，投げ上げる……　いろいろな動きを織り交ぜることで，子どもたちも先生の動きに合わせてさまざまな手拍子をたたき分けようと，集中して取り組みます。

やってみよう

　回す→とめる→回す→とめる→投げ上げる→キャッチ→回そうとしてやめる→やっぱり回す→投げ上げるふりをしてやめる……　いろいろ組み合わせて楽しみましょう。

回す（→拍手）

とめる（→拍手やめる）

投げ上げる（→拍手）

キャッチ（→拍手やめる）

続く……

　さまざまな動作を組み合わせることで，拍手の長さ，大きさなどをいろいろ変化させることができます。いつの間にか，手拍子だけで音楽表現ができてくるでしょう。

CHAPTER Ⅱ　ボディパーカッションをやろう！

手回しリズム PART1

難易度
★☆☆☆☆

　先生が片手を回し，子どもたちはそれを見て，先生の手が回っている間だけ拍手をするというリズム遊びです。導入に行うと子どもたちの心をつかむことができ，ウォームアップに最適の活動です。

　ここでは，2種類の手の回し方でリズム遊び行います。

手首から先を回す　　　　　　　　　　　　　ひじから先を回す

➡ 普通の拍手　　　　　　　　　　　　　　➡ 元気な拍手

やってみよう

　先生は手をあげて，まずゆっくりと自分のひじから回します。そしてだんだん回し方を小さくして，手首から先だけを回すようにします。この回し方をくり返し行うことによって，子どもたちは拍手の強弱を自然と行うようになります。

　子どもたちは，手首だけを回す時は拍手を弱く，ひじより先を回す時は拍手を強く行うようになります。そうしたら，さらに，回す速さも変えてみましょう。回す速さによって，拍手を打つスピードも自然とコントロールされてきますので，いろいろなパターンを組み合わせて楽しんでください。

チャレンジ！

- 手首から先を回す…………子どもたちは小さな拍手をしようとする
- ひじから先を回す…………子どもたちは大きな拍手をしようとする
- 手を回している間だけ拍手を続ける。手を回すのをやめたら拍手をやめる

　これらを組み合わせれば，手の回し方で手拍子の音の強さや弱さ（f　p）を学習でき，音楽的な表現も身につきます。

FILE 5 手回しリズム PART2

難易度 ★★☆☆☆

　次に，手回しリズム PART2を行います。PART1では，手の回し方が2種類でしたが，今度は4種類になりますので，中学年以上でも十分楽しめるでしょう。

　「手回しリズム PART1」で行った，「手首から先を回す」と「ひじから先を回す」のほかに，「かたから先の腕全体を回す」方法と，「指先を回す」方法の2種類を加えます。

　つまり，腕全体を回すとものすごく強い拍手，ひじから先を回すと普通の拍手，手首から先を回すとちょっと弱い拍手，指から先を回すとものすごく弱い拍手というふうになります。この4種類の回し方をさまざまな順番で行うと，子どもたちは大変興味深く，そして，集中して拍手するようになります。

かたから先の腕全体を回す　　ひじから先を回す　　手首から先を回す　　指先を回す

➡ 大きな拍手　　➡ 元気な拍手　　➡ 普通の拍手　　➡ 小さな拍手

やってみよう

いろいろな組み合わせで取り組んでみましょう。

① 腕全体を回す → ひじから先を回す → 手首から先を回す → 指先を回す
② 指から先を回す → 腕全体を回す → 手首から先を回す → ひじから先を回す
③ ひじから先を回す → 腕全体を回す → 手首から先を回す → 腕全体を回す
④ 腕全体を回す → 指先を回す → ひじから先を回す → やめる → 手首から先を回す

　これらを組み合わせれば，手の回し方で手拍子の音の強さや弱さ（*ff* *f* *p* *pp*）を学習でき，音楽的な表現も身につきます。

CHAPTER Ⅱ　ボディパーカッションをやろう！

手合わせリズム

難易度
★☆☆☆☆

　先生は，子どもたちに対して横向きに立ち，両腕を前に伸ばします。図のように，腕を上下に交差して，両方の手のひらが重なった瞬間に子どもたちが手拍子を打つというリズム遊びです。このリズム遊びは，手を打つのが，先生の手のひらが重なった一瞬なので，一層子どもたちの集中力を高めることになります。

やってみよう

　初めはゆっくりと手を交差させて下さい。同じテンポで何度かくり返し，動きに慣れましょう。その後，だんだん速くしたり，遅くしたりして，いろいろ組み合わせていくと，子どもたちはどんどん集中力を増していきます。時には，手のひらが重なる瞬間に反対に手を戻すなどフェイントを入れるともり上がります。

両手を前に伸ばして　　　　　先生の手が重なった瞬間　　　　再び両手がはなれる
ゆっくり上下に交差　　　　　子どもたちは手をたたく

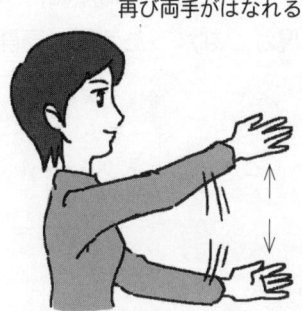

チャレンジ！

　子どもたちが感覚的に慣れてきたら，簡単なリズムをつくってみてください。例えば，下記のように三三七拍子のようなリズムをすると，子どもたちは大喜びです。休符のところで先生がかけ声を入れると，一層もり上がってクラスが和むこと間違いなしです。

♩のところで手をクロスさせます。𝄽のところで「ヨッ！」と合いの手を入れます。

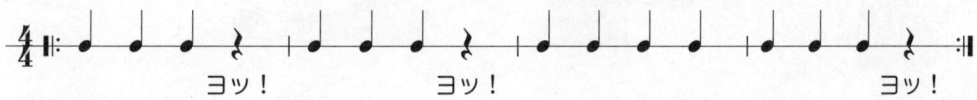

手回し＋手合わせリズム

難易度 ★★★☆☆

　「手回しリズム」や「手合わせリズム」を組み合わせると，いろいろな手拍子の曲ができあがります。

　みんなが集中して，前に立った人の動きに合うように手拍子をしていると，クラス全体が徐々にまとまり，一体感を味わうことができます。

　時には先生の役を，子どもたちの中からつのってみましょう。自分の動きにみんながついてくるという特別な気持ちを簡単に味わうことができます。「拍手のオーケストラの指揮者になろう！」と呼びかけると，子どもたちはとびついてくるはずです。

　低学年の場合は，あまり複雑にするとバラバラになってしまうので，終わり方だけあらかじめ先生が決めておくとスムーズに進められるでしょう。思うようにできなかった時は，もう1回チャンスを与えるなど，成功体験を味わわせることも大切です。

　中学年以下の場合は，自分の動きがそのまま他の人の手拍子で表現される，ということで満足できますが，高学年の場合は，より論理的な活動をもり込んだ方がもり上がりやすくなります。例えば，最初に図形で楽譜をつくり，それに沿って指揮をする，とすることで，思考と表現がつながった活動に展開することができます。

例：記号楽譜

○○ ○○ // ●● ◎◎ ///

◯ → 腕全体を回す
◎ → ひじから回す
○ → 手首を回す
● → 指先を回す
／ → 手合わせ

やってみよう

①腕全体を回す（大きな拍手）→ ②ひじから回す（元気な拍手）→ ③手合わせを2回（パンパン）→ ④手首を回す（普通の拍手）→
⑤手合わせを4回（パンパンパンパン）→ ⑥指先を回す（小さな拍手）→ ⑦ひじから回す（普通の拍手）→ ⑧手合わせを3回（パンパンパン）

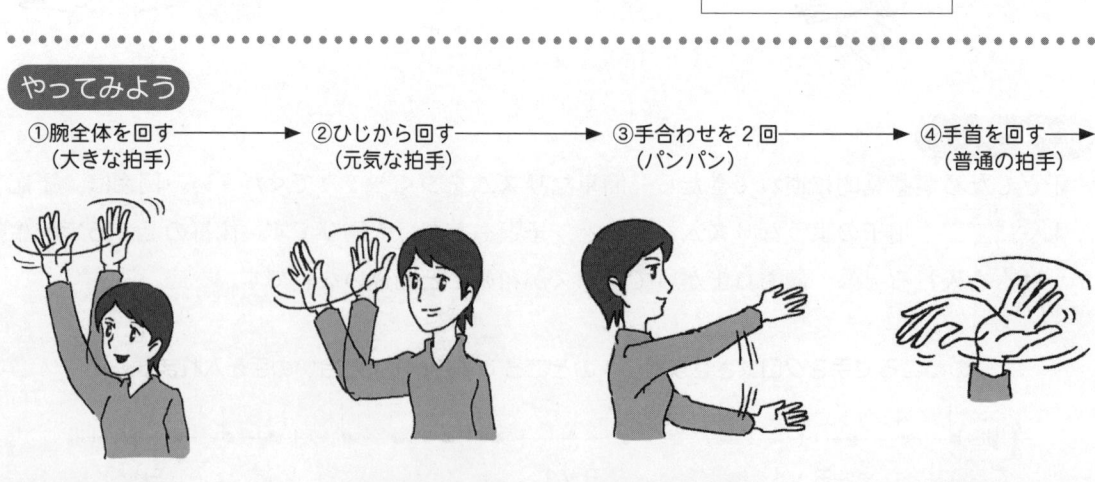

CHAPTER Ⅱ　ボディパーカッションをやろう！

FILE 8　手拍子リズム名人　ノーマル名人コース

難易度
★★★★★

　このリズム遊びは，リズムのコール＆レスポンス（問答形式）です。1小節のさまざまなリズムパターンを手拍子で打って，簡単なリズムから難しいリズムまで段階的に楽しんでください。子どもたちの向上心が強まります。先生が上手にスモールステップアップの教材をプログラムすれば，子どもたちの目が輝き，いきいきとした活動につながります。

　題して「手拍子リズム名人にチャレンジ！」。リズムの難易度を，「ノーマル名人コース」「スーパー名人コース」「ウルトラ名人コース」と3段階にしました。まずは，「ノーマル名人コース」のご紹介です。先生自身が笑顔で手拍子を行ってください。

やってみよう

　目安…低学年：テンポ♩＝100，中学年：テンポ♩＝110，高学年：テンポ♩＝120

　4分音符を中心に構成しています。低学年から簡単にできるリズムパターンです。

　4拍目が必ず休みなっています。次のリズムを打つ準備になり，子どもたちがリズムを打ちやすくなっています。4分音符と8分音符を組み合わせたリズムに気をつけてください。

　さまざまなリズムをやっても，一番最後は常に⑧の「おしまい」でしめくくりましょう。終わり方が明確になると，子どもたちも安心します。

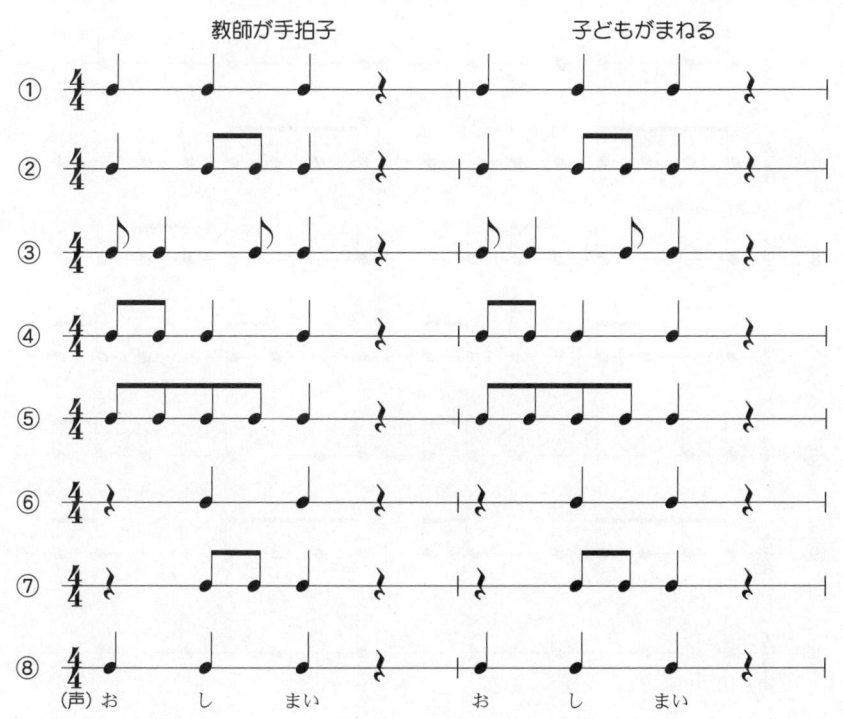

FILE 9 手拍子リズム名人　スーパー名人コース

難易度 ★★★☆☆

次にご紹介するのは，「スーパー名人コース」です。先生自身も事前に楽譜を見ないでできるようにしておくことが理想です。そして，さらに笑顔でできるようにしましょう。

やってみよう

目安…低学年：テンポ♩＝100，中学年：テンポ♩＝110，高学年：テンポ♩＝120

付点4分音符が入りリズミカルなパターンになっています。少し難しいですが，このくらいは子どもたちがすぐに打てます。「ノーマルコース」と違うのは，4拍目が休みではなく，リズムが入っていることです。終わり方は「ノーマル」と同様「おしまい」のリズム（⑩）です。

CHAPTER Ⅱ　ボディパーカッションをやろう！

FILE 10　手拍子リズム名人　ウルトラ名人コース

難易度 ★★★★☆

　最後にご紹介する「ウルトラ名人コース」は，先生も事前に練習が必要です。先生がさりげなくこのリズムを打てれば，きっと尊敬のまなざし（？）で見られますよ。がんばってください。しかし，決して無理はしないでください。

やってみよう

　目安…低学年：テンポ♩＝100，中学年：テンポ♩＝110，高学年：テンポ♩＝120

　1拍に3回打ちの登場，指導者の方にとってもなかなか手ごわいリズムパターンです。16分音符が多く出てきますので「タタンタ」「タンタタ」「タタタン」のリズムの組み合わせをしっかり練習してください。⑥⑦⑧⑨は4拍目に気をつけて！　最後は「おしまい」のリズム（⑩）でしめくくります。

2　一日が楽しくはじまる！楽しく終わる！リズム遊び
～朝の会・帰りの会にオススメ～

FILE 11　まねっこリズム一週間　月曜日　難易度 ★☆☆☆☆

　先生が，1小節のリズムを「タン・タン・タン・ウン」と打ちます。そして，そのリズムを子どもたちが"まね"をして応えるという，リズムの模倣。いわゆるオウム返しのリズム遊びです。「タン」の部分は，手拍子だけでなく，体のいろいろな場所を打っていきます。「ウン」は元気よく声を出しましょう。「まねっこリズム一週間」は短時間ででき，体のいろいろな部分をふれるので，楽しく体ほぐしができます。体で先生とコミュニケーションをとるので，朝の会や帰りの会に取り入れれば，きっと心もほぐれることでしょう。

　今日は，まねっこリズムの第1日目ですので，子どもたちが一番簡単にできる体の場所，手とおなかを使います。

手拍子　㋳　　　　　おなかをたたく　㋔

やってみよう

❶　最初に，リズムに慣れるまで何回か手拍子だけで行ってください。先生が打ったとおりに，子どもたちがまねをして打ちます。
　　先生のまねをしましょう。
　　㋳　㋳　㋳　ウン

❷　手拍子で簡単にできるようになったら，今度はおなかをたたく練習をしましょう。
　　㋔　㋔　㋔　ウン

❸　いよいよ，手拍子とおなかをたたくの2種類の組み合わせを行います。
　　㋳　㋳　㋔　ウン　　　㋔　㋳　㋳　ウン

❹　それでは，いろいろな組み合わせに挑戦してみましょう。
　1. ㋳　㋔　㋳　ウン　　2. ㋔　㋔　㋳　ウン
　3. ㋔　㋳　㋳　ウン　　4. ㋳　㋔　㋔　ウン
　5. ㋳　㋳　㋔　ウン

> 教師は，子どもの前に立った時に自信をもって打てるように，ここにあげたパターンは，全てスムーズに打てるよう練習しておきましょう！

CHAPTER Ⅱ　ボディパーカッションをやろう！

FILE 12　まねっこリズム一週間　火曜日

難易度 ★★☆☆☆

今日は，まねっこリズムの2日目。体をたたく場所が，手・おなか・ひざの3か所になります。

手拍子
㋳

おなかを
たたく
㋕

ひざを
たたく
㋪

やってみよう

❶　最初は昨日の復習です。手拍子とおなかを組み合わせたリズム行いましょう。

❷　新しくたたく場所を増やすことを子どもたちに提示します。ひざを両手でオーバーにたたく動作をしてみましょう。それでは，ひざを入れたまねっこリズムです。

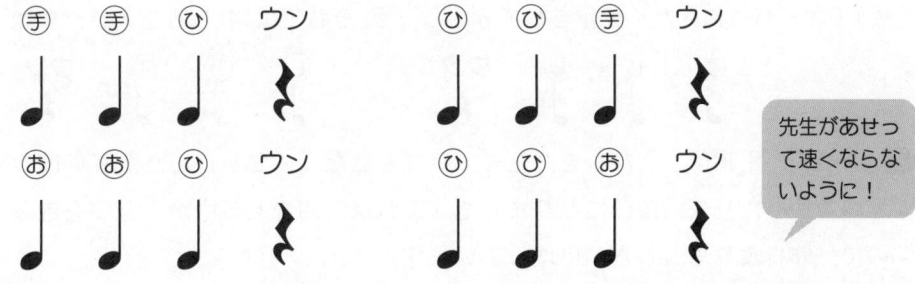

> 先生があせって速くならないように！

❸　これで，手拍子，おなかをたたく，ひざをたたく，の三つの動作によるリズム遊びになりました。

> 同じリズムを，基本は4回以上たたいて，体にリズムをしみこませましょう！

❹　それでは，いろいろな組み合わせに挑戦しましょう。

1. ㋪ ㋕ ㋳ ウン　　2. ㋳ ㋪ ㋕ ウン　　3. ㋕ ㋪ ㋳ ウン
4. ㋪ ㋕ ㋪ ウン　　5. ㋳ ㋪ ㋪ ウン　　6. ㋕ ㋪ ㋪ ウン
7. ㋪ ㋪ ㋳ ウン　　8. ㋕ ㋪ ㋕ ウン　　9. ㋪ ㋳ ㋪ ウン

FILE 13 まねっこリズム一週間 水曜日

難易度 ★★★☆☆

　今日は，まねっこリズムの3日目。体をたたく場所が，手・おなか・ひざ・おしりの4か所になります。だんだん難しくなりますが，低学年の場合はゆっくり大きな動作で注意力をひき，高学年の場合は少し速めでスピード感を楽しむなど，学年に応じたテンポも考えてみましょう。

手拍子
手

おなかを
たたく
お

ひざを
たたく
ひ

おしりを
たたく
し

やってみよう

❶　最初に，昨日までの復習をしましょう。手拍子とおなかを組み合わせたリズム。次に，手拍子とおなかとひざを組み合わせたリズムを行ってください。

❷　今日，新しくたたく場所を増やすことを子どもたちに提示します。おしりを片手(または両手)でオーバーにたたく動作をしてみましょう。それでは，おしりを入れたまねっこリズムです。

❸　これで，手拍子，おなかをたたく，ひざをたたく，おしりをたたくの四つの動作の中から三つを使ったリズム遊びになりました。これは，四つある中から三つを選ぶことになりますので，昨日よりも難しさが倍増しています。

❹　それでは，いろいろな組み合わせに挑戦しましょう。

1. ひ 手 し ウン　　2. 手 お し ウン　　3. し お ひ ウン
4. 手 し ひ ウン　　5. し お 手 ウン
6. ひ し 手 ウン　　7. お し ひ ウン
8. お 手 し ウン

> 学年によってテンポを変えることで，同じリズムでも楽しく取り組めます。低学年は♩＝100，中学年は♩＝120，高学年は♩＝140程度がよいでしょう。

CHAPTER Ⅱ　ボディパーカッションをやろう！

FILE 14　まねっこリズム一週間　木曜日　難易度 ★★★★☆

　今日は，まねっこリズムの４日目。体をたたく場所が，手・おなか・ひざ・おしり・かたの５か所になります。

手拍子　おなかをたたく　ひざをたたく　おしりをたたく　かたをたたく
手　　　お　　　　　　ひ　　　　　　し　　　　　　か

やってみよう

❶　まずは昨日までの動作を復習しましょう。手拍子，おなかをたたく，ひざをたたく，おしりをたたくの四つの動作から三つを選んだリズム遊び。この時，うまくできない子どもがいますが，間違っても楽しめるような雰囲気を教師がつくり出してください。このことによって，リズム遊びの楽しさが伝わればよいと思います。

手　ひ　し　ウン　　お　し　手　ウン　　ひ　し　お　ウン

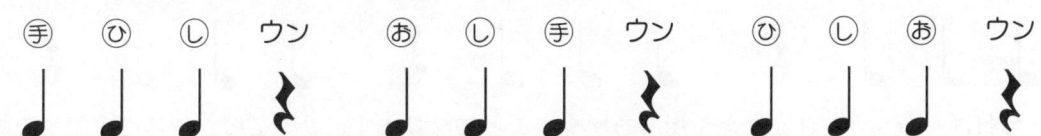

❷　今日は，もう一つ体をたたく場所を増やすことになります。上記イラストのように，手をクロスさせてかたを軽くたたくような動作をしてください。手をクロスさせることによって大きな動きになりますので，子どもたちは楽しく取り組むことができます。

手　か　か　ウン　　か　お　お　ウン

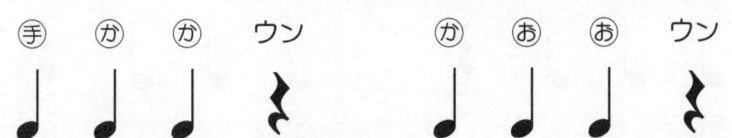

❸　それでは，手拍子，おなか，ひざ，おしり，かたの五つの中から三つを選んでリズム遊びをします。あまり速いテンポで行うと子どもたちがうまくできないと思いますので，昨日よりはゆっくりした速さで行ってください。

1. ひ　し　か　ウン　　2. 手　か　ひ　ウン　　3. ひ　か　し　ウン
4. し　か　お　ウン　　5. し　ひ　か　ウン　　6. お　手　か　ウン
7. か　し　手　ウン　　8. か　お　ひ　ウン　　9. お　か　手　ウン

37

FILE 15 まねっこリズム一週間 金曜日

難易度 ★★★★★

今日で，最後のまねっこリズムになります。体をたたく場所が，手・おなか・ひざ・おしり・かた・おでこの６か所になります。

手拍子	おなかをたたく	ひざをたたく	おしりをたたく	かたをたたく	かるくおでこをたたく
手	お	ひ	し	か	で

やってみよう

❶ まず最初に，昨日まで行った手拍子，おなか，ひざ，おしり，かたの五つの中から，三つを選んでまねっこリズムをしてください。

手 お し ウン　　か ひ 手 ウン　　し お か ウン

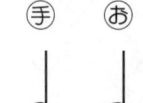

❷ 今日は，もう一つ体をたたく場所を増やすことになります。おでこのところに上記イラストのように手をあてて，軽くたたくような動作をしてください。顔なので，あまり強くたたかないように注意させましょう。

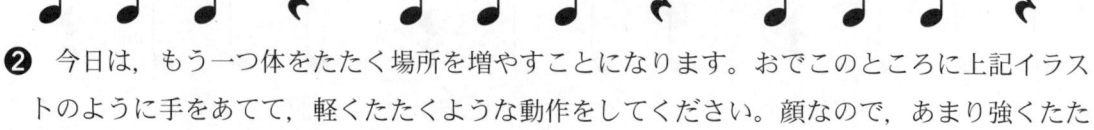

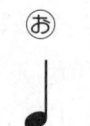

手 で で ウン　　で お で ウン

❸ それでは，手拍子，おなか，ひざ，おしり，かた，おでこの六つの中から三つを選んでリズム遊びをします。あまり速いテンポで行うと子どもたちがうまくできないと思いますので，最初はゆっくりした速さで行ってください。

1. お 手 で ウン　　2. で 手 お ウン　　3. ひ し で ウン
4. ひ で 手 ウン　　5. か で ひ ウン　　6. し か で ウン
7. 手 ひ で ウン　　8. で か お ウン　　9. で ひ か ウン

> たたく箇所は，上から下へはやりやすいのですが，下から上にいくのはなかなか難しいです。

3 子どもの表現力がアップする！リズム遊び
~コール＆レスポンス，体で会話しよう~

FILE 16

みなさんリズム PART 1

難易度 ★★☆☆☆

「みなさんリズム」は，「まねっこリズム」の応用編です。先生（リーダー）の呼びかけに対してみんなが答える，という問答形式になっていますので，呼びかけられたらきちんと返事をする，ということの大切さを学ぶこともできます。また，時には子どもの中からリーダーを選んで，みんなに呼びかけてもらうのもよいですね。自分の動作をみんなにまねしてもらうために，自然と表現力も身につくでしょう。

やってみよう

❶ 先生はみんなから見える位置に立ち，子どもたちに向かって「みーなーさん」と呼びかけてください。

❷ 先生の呼びかけに対して，子どもたちは元気よく「なんですか」と答えます。

❸ 先生が，「こんなこっと こんなこっと できますか」と言いながら，手拍子，おなか，ひざ，おしり，かた，おでこの中から選んだ動作を4回打ちます。

例：手拍子　　かた　　おなか　　おでこ

❹ 子どもたちが，「こんなこっと こんなこっと できますよ」と言いながら，先生の動作のまねをします。

手拍子　　かた　　おなか　　おでこ

四つの動きを一度に記憶するのは，思ったより難しいかもしれませんが，記憶力の活性化には最適です。まちがえても，できないのを笑って楽しむ余裕をもちましょう！

FILE 17　みなさんリズム PART 2

難易度 ★★★☆☆

PART 1 で体をたたくリズムを入れていた箇所に，自由なパフォーマンスを入れてみましょう。先生が楽しそうに表現している姿を見れば，子どもたちも自由に表現する楽しさをおぼえるでしょう。

やってみよう

❶　PART 1 と同様にはじめます。先生が「みーなーさん」と呼びかけます。

❷　子どもたちが「なんですか」と答えます。

❸　先生は，「こんなこっと　こんなこっと　できますか」と言いながら，自由なパフォーマンスを表現します。

例：ラインダンス風に足を上げる

こんなこっと　こんなこっと　できますか

先生は，ぜひ色々なパフォーマンスをしてみてください。受け皿を広くすることで，子どもたちは「こんな表現をしてもいいんだ！」と安心感をもつことができます。

他にも……
　手を上げて回転して踊る
　おしりを左右に振ってフラダンス
　エアロビクス風のダンス
　流行のポーズを取り入れる　など

❹　子どもたちが，「こんなこっと　こんなこっと　できますよ」と言いながら，先生のパフォーマンスをまねします。

CHAPTER Ⅱ　ボディパーカッションをやろう！

FILE 18　みなさんリズム PART3

難易度 ★★★☆☆

　今度は，子どもたちに自由なパフォーマンスやってもらいましょう。初めははずかしがる子どももいますので，希望者がリーダーになりましょう。子どもたちのアイデンティティが開発できるリズム遊びです。最後には，クラス全員の子どもたちで楽しめるとよいですね。

やってみよう

❶　希望者を4人選んで，下のイラストのように，前に出て一列に並んでもらいましょう。

❷　前の4人が「みーなーさん」と呼びかけ，他の子どもたちが「なんですか」と答えます。

❸　一番端の子ども（A）が，「こんなこっと　こんなこっと　できますか」と言いながら，自由なパフォーマンスをします。子どもたちは，「こんなこっと　こんなこっと　できますよ」と言いながら，まねをします。

❹　同様の形で，順にB，C，Dの子どもたちも自由なパフォーマンスをし，他の子どもたちはまねをします。みんなが，一番最後の子ども（D）のパフォーマンスのまねが終わったら，全員で「おーしーまい」と元気よくしめくくりましょう。

A→みんな→B→みんな→C……の順でパフォーマンスをする

A　　B　　C　　D

「こんなこっと　こんなこっと　できますか」

FILE 19 みなさんリズム PART4

難易度 ★★★☆☆

　リーダーが次々に変わる，ちょっとスリリングな「みなさんリズム」です。緊張してしまう子どももいるかもしれませんが，とにかくみんなで一緒にリズムにのることが大切です。PART3では，「やってみたいけど名乗り出るのがはずかしい」という子どもがいるかもしれません。PART4では順番にみんなが当たるため，自分のパフォーマンスをみんなに伝達し，表現する楽しさを味わうことができます。

やってみよう

❶　4～6人のグループをつくり，下のイラストのように円形に並びます。

❷　各グループの中でリーダーを決めたら，これまでと同じ要領で，「みーなーさん」「なんですか」と問答しましょう。そしてリーダーが「こんなこっと　こんなこっと　できますか」と言いながら，PART2のように，リズムにのって自由なパフォーマンスをしましょう。

❸　ほかの子どもたちが，「こんなこっと　こんなこっと　できますよ」と言いながら，リーダーの動きをまねしましょう。

❹　次のリーダーは，今のリーダーの右側（左側）の子どもにバトンタッチです。同じ要領で「みなさんリズム」を続けていきましょう。リーダーが一周するまで続けます。

　必ずみんながリーダーになるので，緊張感のあるリズム遊びになりますが，楽しんで取り組めるような工夫が必要ですね。うまくパフォーマンスが思いつかない子どものために，「思いつかなかった時は，頭×2→かた×2→おなか×2→ひざ×2　の順で体をたたく」というように決めておくと，子どもたちも安心して取り組めます。リズムにのって流れが止まらないようにしましょう。できたらうんとほめてあげましょう。

こんなこっと
こんなこっと
できますか

リーダーは隣の人に次々にうつっていく

CHAPTER Ⅱ　ボディパーカッションをやろう！

FILE 20　みなさんリズム PART5

難易度 ★★★★☆

「みなさんリズム」の最終回です。「みなさんリズム」チャンピオンを決めて，もり上がりましょう！

やってみよう

❶　まずは，円形の「みなさんリズム PART4」を行いましょう。

❷　リーダーが一周したら，先生が「せーのドン」と言い，各グループごとに，一番リズムにのってできた子どもをみんなで指さします。

❸　各グループから，一番多く選ばれた子どもが前に出ます。

❹　前に出てきた子どもは，みんなの方に向いて一列にならび，「みなさんリズム PART3」を行います。

　グループの数によって前に出てくる人数は変わってきますが，2回に分けたり，二人いっぺんにするなど調整して行ってください。

　新しいポーズをいろいろつくり出して，表現することの楽しさを味わいましょう。

こんなこっとこんなこっとできますか

43

4 クラスみんなが一つになれる！ボディパーカッション
～クラスの団結力が一気に高まります～

FILE 21 手拍子の花束「チューリップ」 ～tulip～　難易度（低学年）★☆☆☆☆

　ここでご紹介する曲は，まさにボディパーカッションのはじまりとしてふさわしい曲です。初めて行ったのは，今から20年以上も前の1987年。クラスのお楽しみ会で取り組みました。二つのリズムパターンだけでアンサンブルを行う活動です。私の経験から，小学校1年生，またそれよりも小さい幼稚園保育園の子どもたちも，15分ぐらいで手軽に取り組める曲です。クラスの中で朝の会や帰りの会で使ってみてはいかがでしょうか。

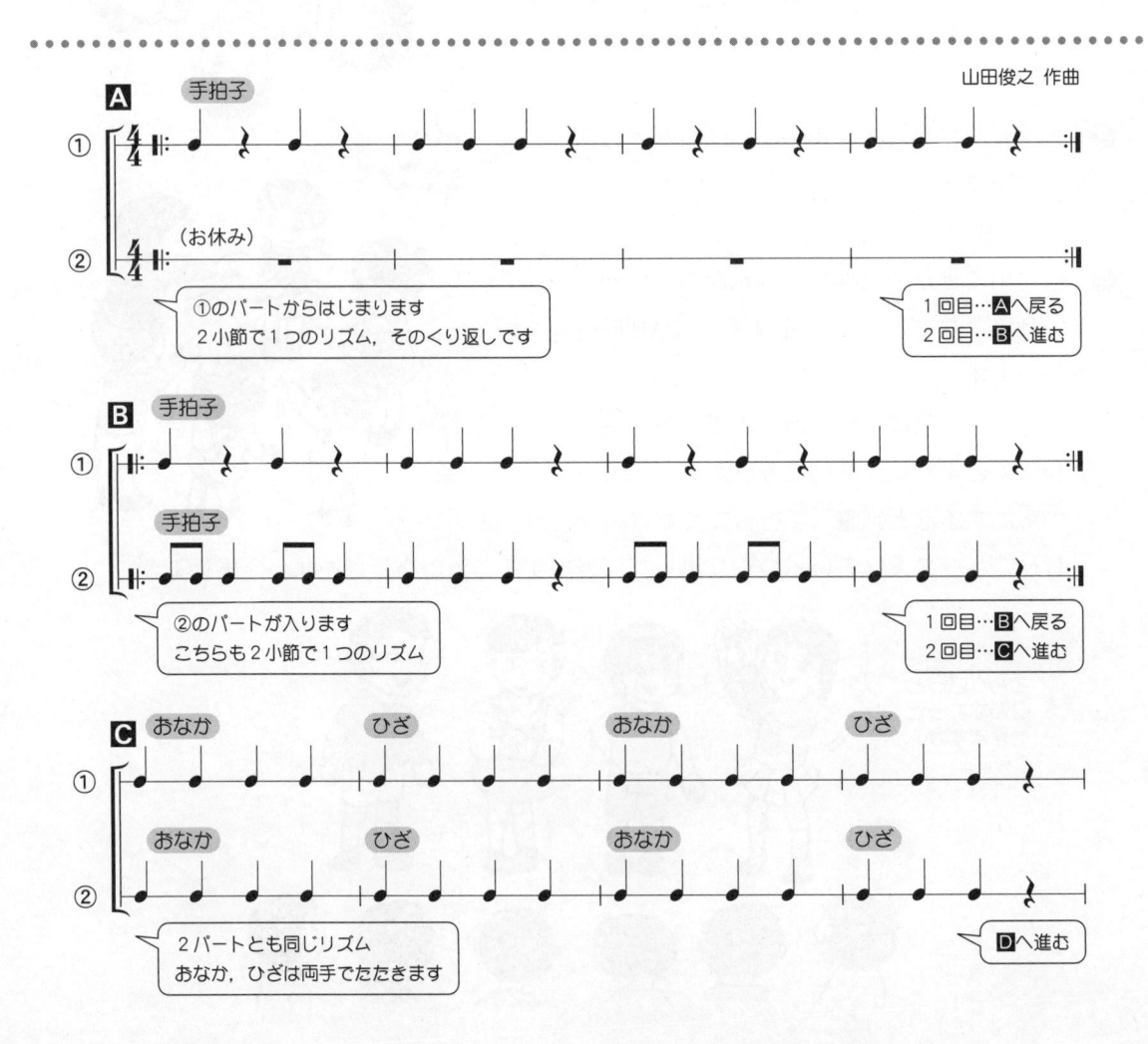

山田俊之　作曲

A 手拍子
① （楽譜）
② （お休み）

①のパートからはじまります
2小節で1つのリズム，そのくり返しです

1回目…**A**へ戻る
2回目…**B**へ進む

B 手拍子
① （楽譜）
手拍子
② （楽譜）

②のパートが入ります
こちらも2小節で1つのリズム

1回目…**B**へ戻る
2回目…**C**へ進む

C おなか　ひざ　おなか　ひざ
① （楽譜）
おなか　ひざ　おなか　ひざ
② （楽譜）

2パートとも同じリズム
おなか，ひざは両手でたたきます

Dへ進む

CHAPTER Ⅱ　ボディパーカッションをやろう！

ワンポイントアドバイス

❶ 全体を二つのパートに分けてください。①パートは，基本になるリズムです。しっかりと大きな音で手をたたくように指示をだしてください。

❷ ①パートにリズムをしっかり打てる子を配置してください。①パートがベースになった上に②パートのリズムを打つことで，気持ちのよいアンサンブルになります。

❸ ②パートは，①パートよりも手拍子を打つ回数は多いのですが，三三七拍子のように調子よく打てますので気軽にさせてください。

❹ **C** では，おなかとひざを①パートと②パートが同じように打ちます。この部分は全員がそろうまでしっかり練習してください。それまでの部分でずれていても，ここで合うことで，友達同士で一体感を感じることができます。さらに，曲の終わりで「ヤッ！」と大きな声を出すようにしてください。この声を出すことによって，全員が達成感を得ることができます。みんながそろうと気持ちいいです！

▲「ヤッ！」のポーズ

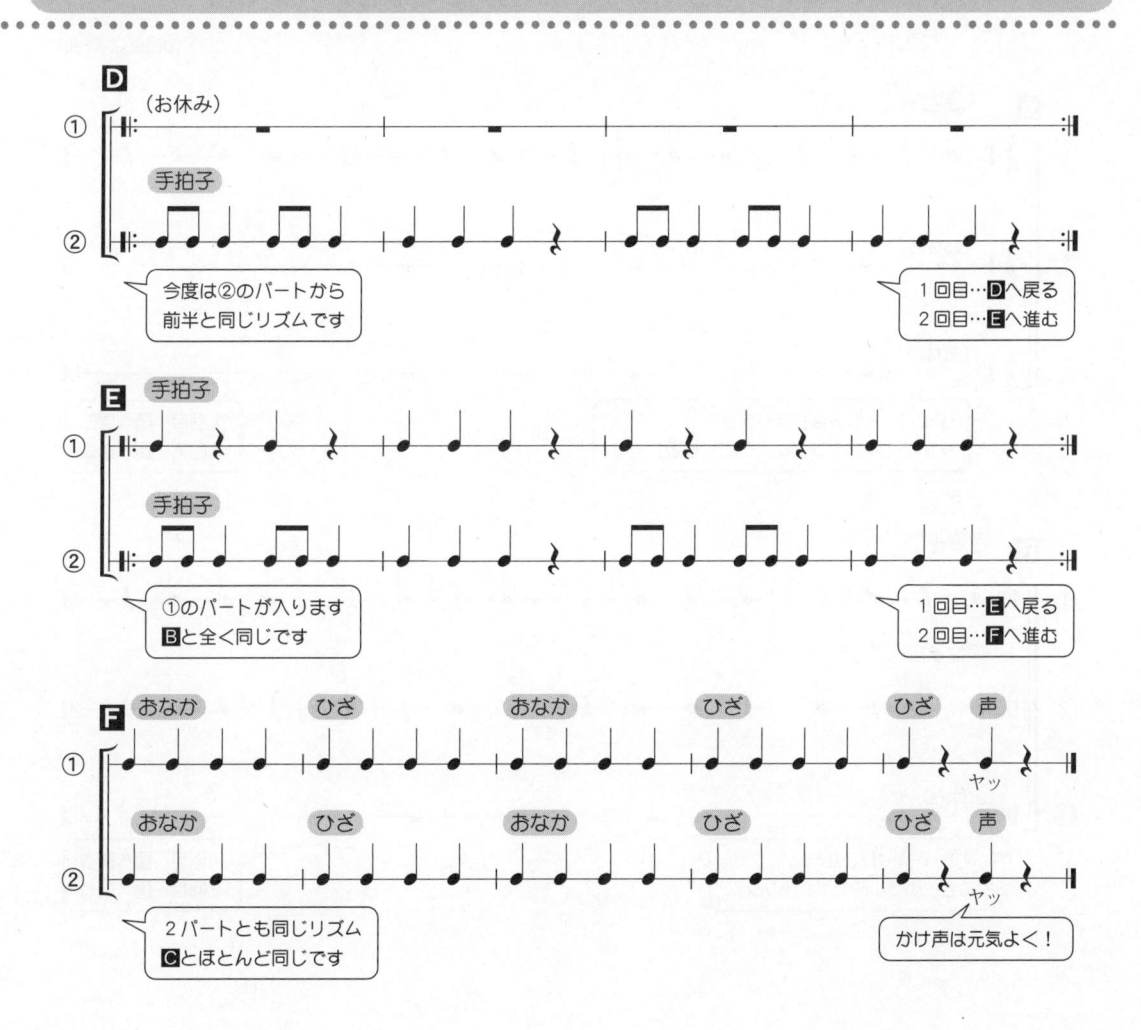

D
① （お休み）
② 手拍子

今度は②のパートから前半と同じリズムです

1回目…**D**へ戻る
2回目…**E**へ進む

E
① 手拍子
② 手拍子

①のパートが入ります
Bと全く同じです

1回目…**E**へ戻る
2回目…**F**へ進む

F
① おなか　ひざ　おなか　ひざ　ひざ　声　ヤッ
② おなか　ひざ　おなか　ひざ　ひざ　声　ヤッ

2パートとも同じリズム
Cとほとんど同じです

かけ声は元気よく！

FILE 22 手拍子の花束「チェリーブロッサム」
～cherry blossom さくら～

難易度（低学年）
★★☆☆☆

　手拍子の花束「さくら」は，FILE21「チューリップ」よりも１パート増えて，全体を３パートに分けてください。人数は，10人程度から100人ぐらいまでどんな人数でも手軽に短時間でできるので，学級集会や学年集会，また，１年生から６年生までいる全校集会でも取り組むことができます。所要時間は，低学年が入ったら15分程度，中学年以上であれば10分以内でできる曲です。どうぞ，お楽しみください。

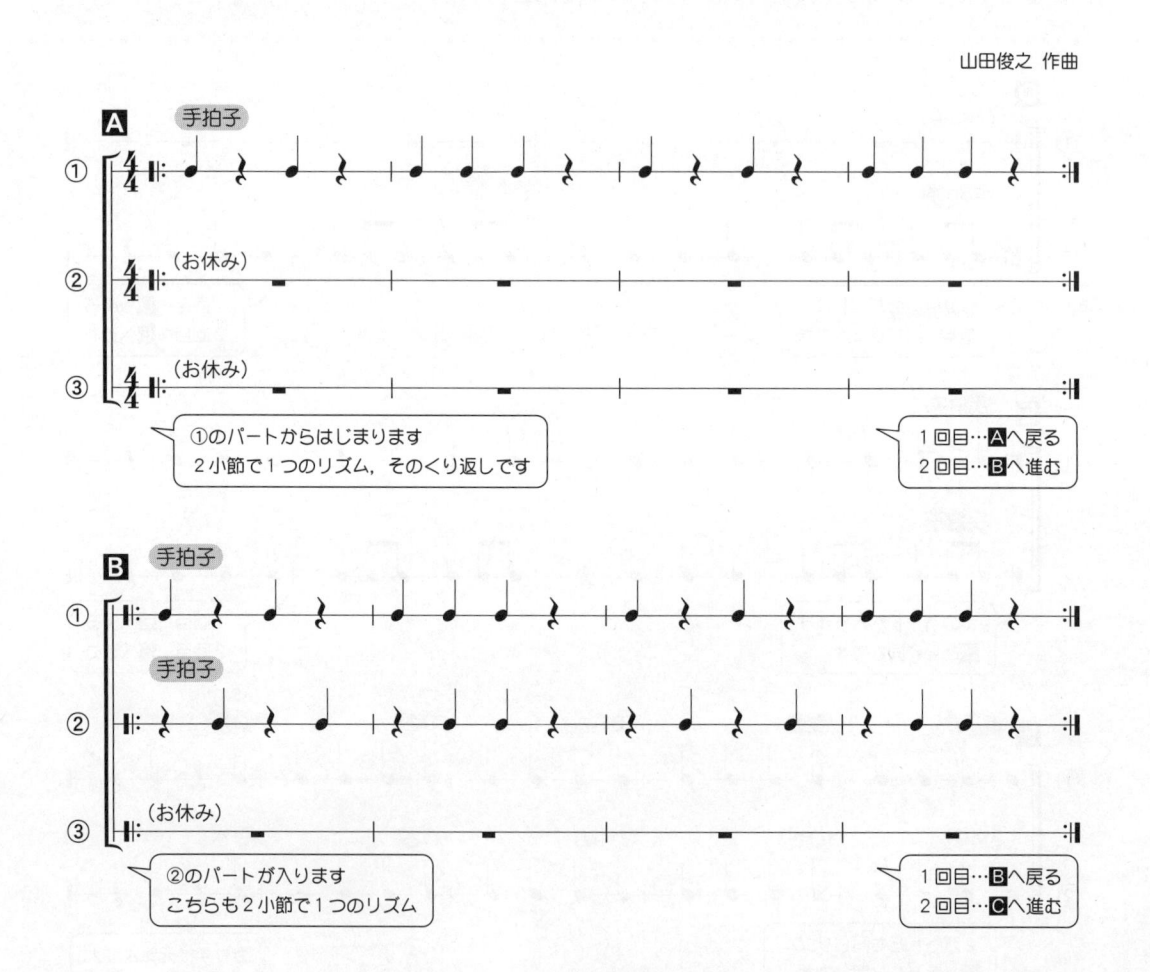

山田俊之　作曲

A 手拍子
① （楽譜）
② （お休み）
③ （お休み）

①のパートからはじまります
２小節で１つのリズム，そのくり返しです

１回目…**A**へ戻る
２回目…**B**へ進む

B 手拍子
① （楽譜）
　　手拍子
② （楽譜）
③ （お休み）

②のパートが入ります
こちらも２小節で１つのリズム

１回目…**B**へ戻る
２回目…**C**へ進む

CHAPTER Ⅱ　ボディパーカッションをやろう！

> **ワンポイントアドバイス**
>
> ❶　全体を三つのパートに分けてください。①パートは基本になるリズムで，確実に打てるようにしてください。
>
> ❷　②パートは裏拍リズムが入り，いわゆるアフタービートになりますので少し難しいかもしれません。何度か練習をさせましょう。
>
> ❸　③パートは①，②パートのリズムに乗って気持ちよくたたけるリズムです。この時，③パートのリズムが一番大きく聞こえるようにするのがポイントです。そのためには，①，②パートよりも少し人数を増やすことも考えてください。
>
> ❹　最後は，みんなと一緒に，おなかとひざを打って，「ヤッ！」とポーズを決めて大きな声を出すのはFILE21「チューリップ」と同じです。

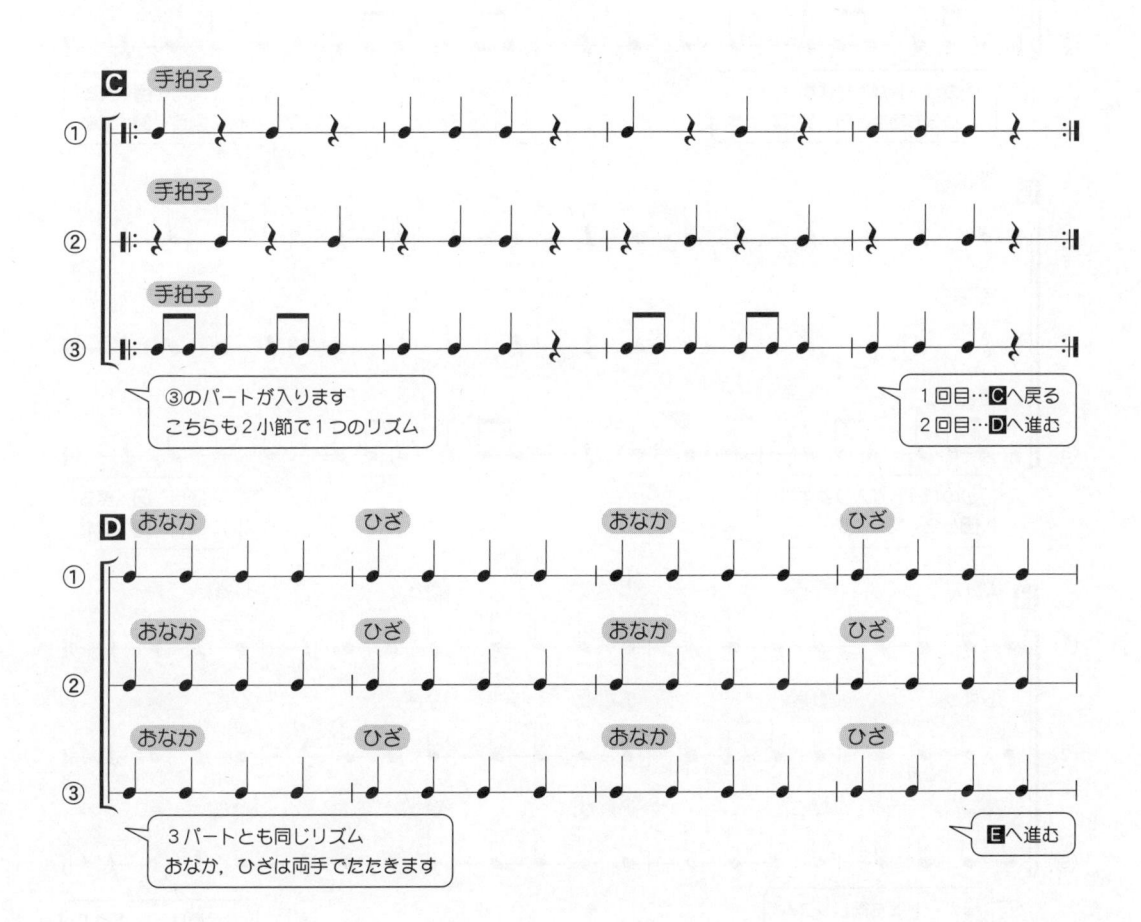

【C】手拍子

① （楽譜）
② 手拍子（楽譜）
③ 手拍子（楽譜）

③のパートが入ります
こちらも2小節で1つのリズム

1回目…Cへ戻る
2回目…Dへ進む

【D】おなか　ひざ　おなか　ひざ

① （楽譜）
② おなか　ひざ　おなか　ひざ（楽譜）
③ おなか　ひざ　おなか　ひざ（楽譜）

3パートとも同じリズム
おなか，ひざは両手でたたきます

Eへ進む

E

今度は③のパートから
前半と同じリズムです

1回目…Eへ戻る
2回目…Fへ進む

F

②のパートが入ります
こちらも前半と同じリズムです

1回目…Fへ戻る
2回目…Gへ進む

G

①のパートが入ります
Cと全く同じです

1回目…Gへ戻る
2回目…Hへ進む

H

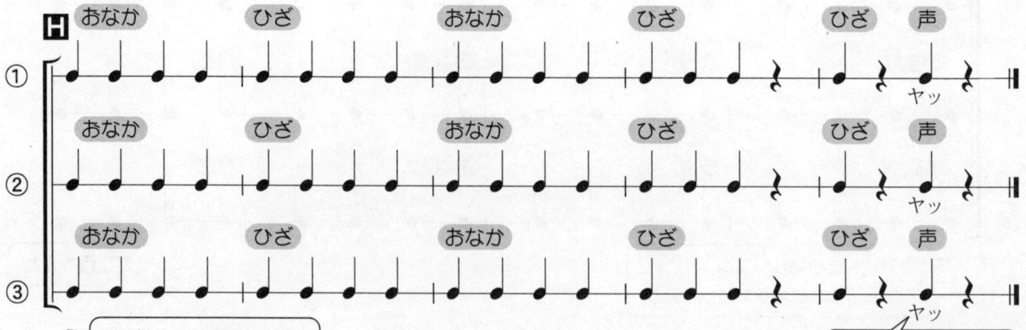

3パートとも同じリズム
Dとほとんど同じです

かけ声は元気よく！

コラム♪

ボディパーカッション曲誕生の秘密
～「カノン形式」が多いのはなぜ？～

　本書で紹介している，FILE16～20「みなさんリズム」(p.39～43) というリズム遊びが，ボディパーカッション教育を生み出してくれました。「手拍子の花束」「花火」などはその代表作です。この「みなさんリズム」というリズム遊びを行うと，子どもたちがすぐにできそうなリズムパターンを把握することができます。そして，それらの子どもたちが取り組みやすいリズムを組み合わせてつくったのが，ボディパーカッションのはじまりなのです。

　「手拍子の花束」は，ドラムセットの両手両足のような感覚で，子どもたちを四つのパートに分けて演奏します。また「花火」は，インドネシアの民族音楽である「ケチャ」を参考にして作曲しました。

　そしてどちらの曲も，「カエルの合唱」のようなカノン形式（追いかけっこのように各パートが遅れてスタートする）になっています。

　研修会などで，「各パートが順番に入ってくる曲が多いのはなぜですか？」とよく質問されます。実は，どちらの曲もカノン形式にしたということに，音楽的な意図は全くありません。発達障害の子どもたちも含めて，みんなと一緒に「同時に演奏をはじめることができない」子どもたちも安心して曲に参加できるように配慮したいと考えた結果，各パートが次々にスタートできるカノン形式になったのです。

　これからも，さまざまな支援が必要な子どもたちも含めて，世界中の子どもたちへボディパーカッション教育の楽しさを伝えたいと思っています。

FILE 23 手拍子の花束「ダンディライオン」
~ dandelion たんぽぽ ~

難易度（中学年）
★★☆☆☆

　いよいよ本格的なボディパーカッションアンサンブルになります。この曲は，2002年スポレク広島全国大会で5万人のボディパーカッションを，また，2009年スポレク宮崎全国大会で2万人のボディパーカッションを行った時の曲です。子どもから大人までみんな一緒になって楽しむことができました。特に2009年のスポレク宮崎では，あの東国原知事も私と一緒にステージに上がって①パートを担当してくれました。全校集会や学年集会など，さまざまな行事で楽しむことができます。

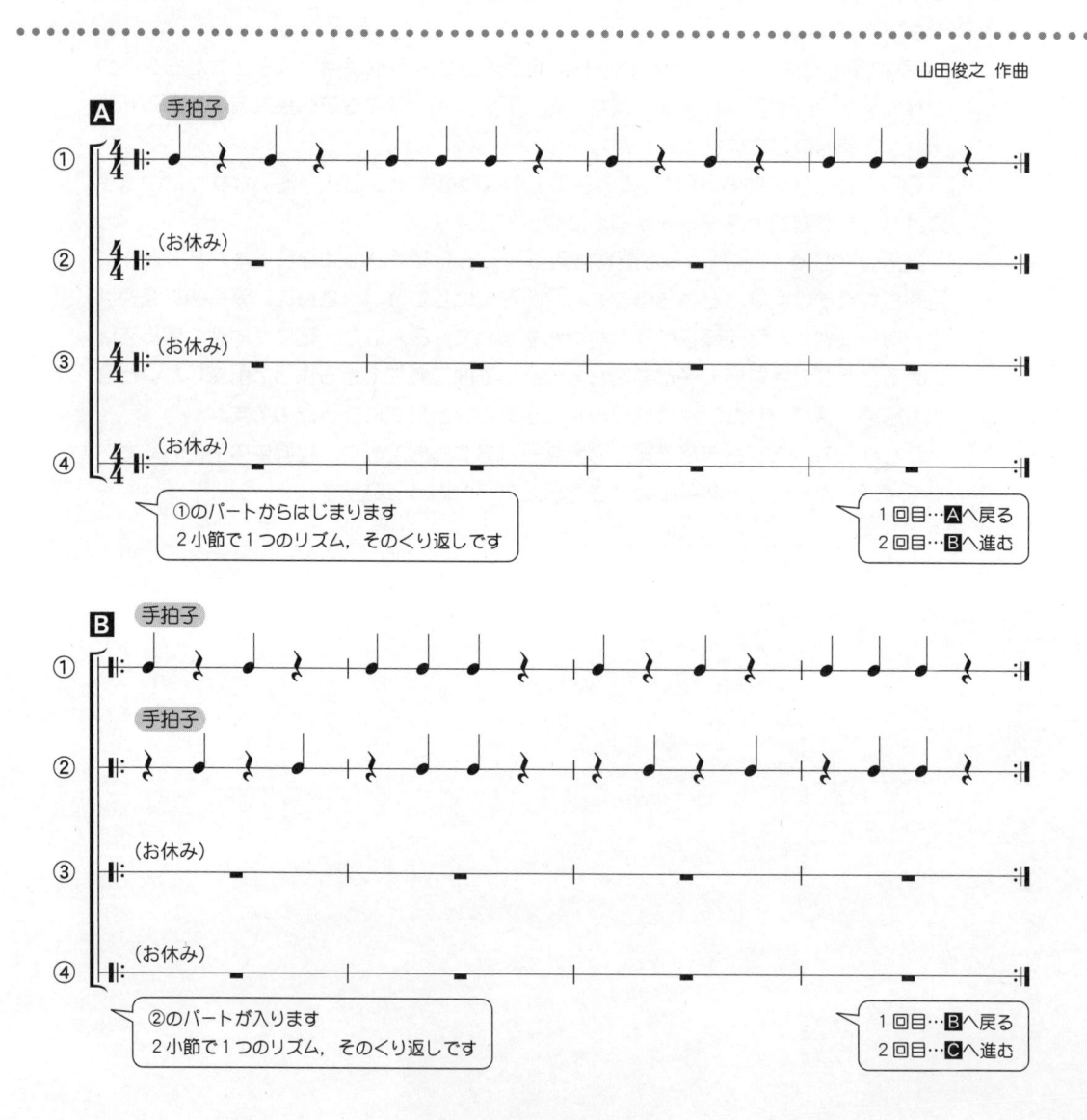

山田俊之 作曲

①のパートからはじまります
2小節で1つのリズム，そのくり返しです

1回目…Aへ戻る
2回目…Bへ進む

②のパートが入ります
2小節で1つのリズム，そのくり返しです

1回目…Bへ戻る
2回目…Cへ進む

CHAPTER Ⅱ　ボディパーカッションをやろう！

ワンポイントアドバイス

❶　全体を四つのパートに分けてください。①パート，②パート，③パートのリズムは，FILE22「さくら」と同じになります。

❷　新しく④パートのリズムが入ります。このリズムは，裏拍に8分音符が二つ入るのでちょっと難しい感じがしますが，この部分だけ取り出して少し練習し，一度感覚を覚えればすぐにできるようになると思います。

❸　①パートから順にカエルの合唱のようにカノン形式で入っていきますので，うまくできない子もスムーズに打てると思います。**E**と**J**は，FILE21，22と同じように，おなかとひざをみんなで一緒に合わせてください。

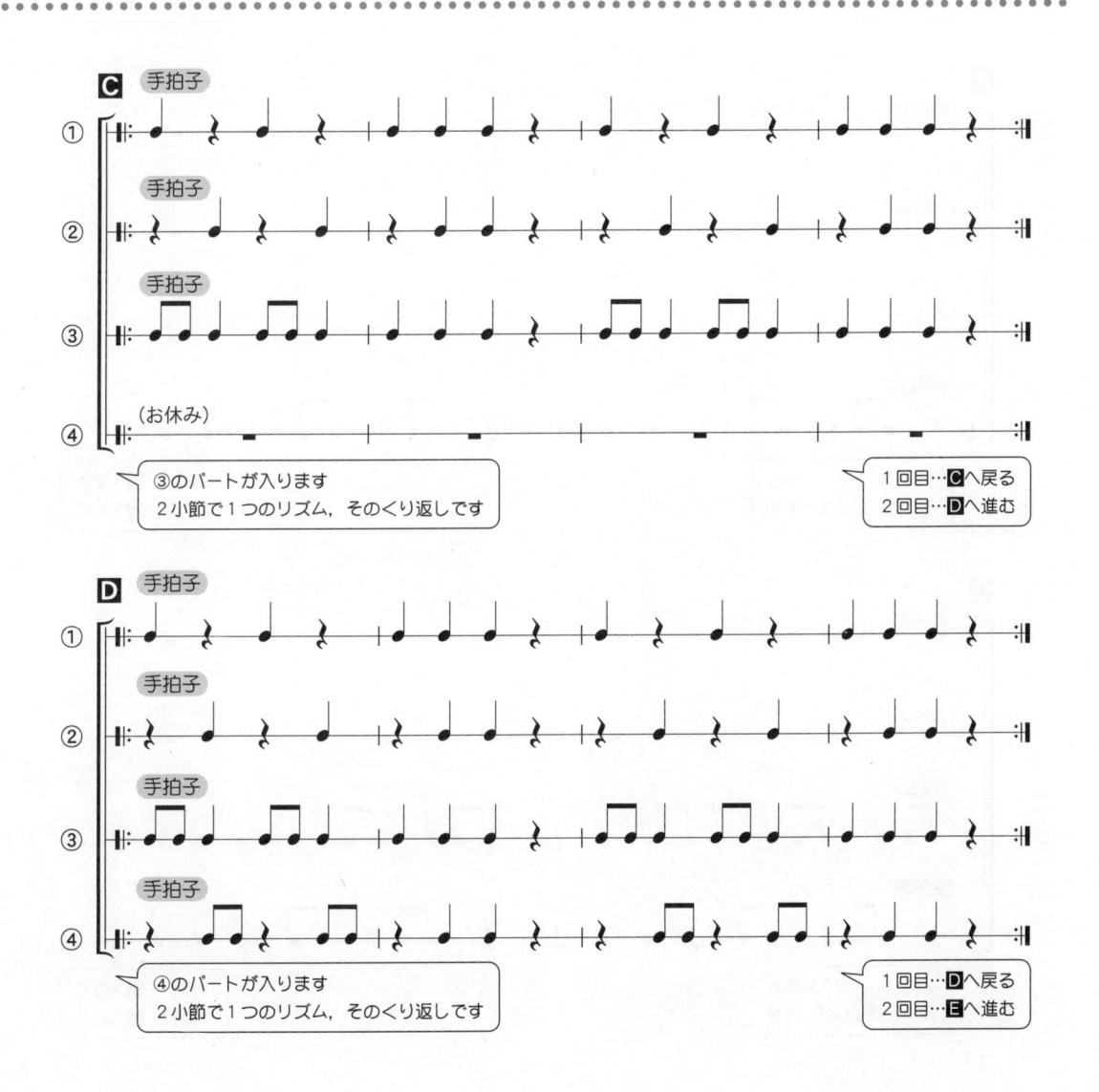

③のパートが入ります
2小節で1つのリズム，そのくり返しです

1回目…**C**へ戻る
2回目…**D**へ進む

④のパートが入ります
2小節で1つのリズム，そのくり返しです

1回目…**D**へ戻る
2回目…**E**へ進む

E

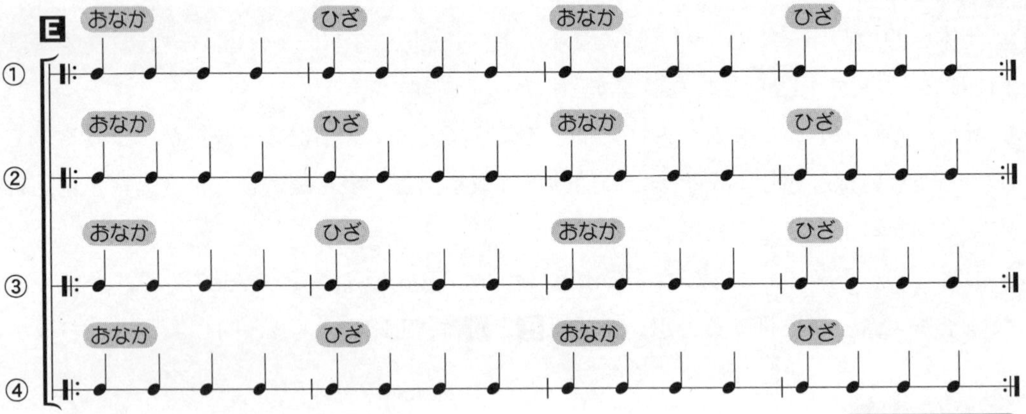

4パートとも同じリズム
おなか，ひざは両手でたたきます

1回目…Eへ戻る
2回目…Fへ進む

F

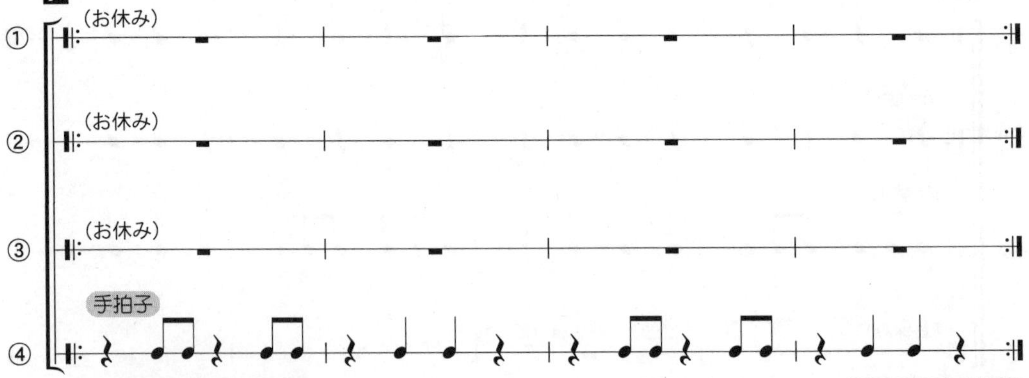

今度は④のパートから
前半と同じリズムです

1回目…Fへ戻る
2回目…Gへ進む

G

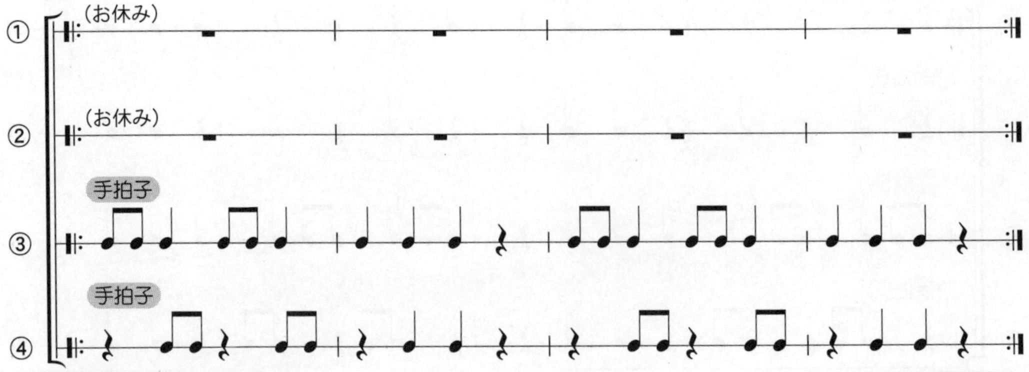

③のパートが入ります
前半と同じリズムです

1回目…Gへ戻る
2回目…Hへ進む

CHAPTER II ボディパーカッションをやろう！

FILE 24 手拍子の花束「サンフラワー・ステップ」
～sunflower-step ひまわり・歩行バージョン～

難易度（中学年）
★★★★☆

　この曲は足ぶみと手拍子を組み合わせた曲になります。うまく足ぶみができない子どもがいたら，手拍子に切り替えればスムーズにいくでしょう。子どもたちは，体を動かすのが大好きです。特に足ぶみなどは，下の教室に影響がなかったり，隣の教室で大きな音が出せない場合をのぞいては，ぜひ取り組んでみてください。私は，体育館やプレイルーム，または，多目的ホールなどを使ってこの足ぶみの曲をやってみました。どうぞお楽しみください。

山田俊之 作曲

R＝右，L＝左

①のパートからはじまります　足ぶみは左右交互に
2小節で1つのリズム，そのくり返しです

1回目…Aへ戻る
2回目…Bへ進む

②のパートが入ります
2小節で1つのリズム，そのくり返しです

1回目…Bへ戻る
2回目…Cへ進む

CHAPTER Ⅱ　ボディパーカッションをやろう！

ワンポイントアドバイス

❶ 全体を三つのパートに分けてください。①，②パートは比較的簡単ですが，③パートがやや難しくなるので，パート分けをする場合に，その点の配慮をお願いします。

❷ ①パートは，ベースのリズムになりますのでしっかり足ぶみをさせてください。②パートは，手拍子を打った後に足ぶみがきますので，落ち着いて演奏するように心がけてください。

❸ ③パートのリズムは，1拍に2回8分音符のリズムを足ぶみしますので，とびはねるように足ぶみすることを心がけてください。この部分は，演奏者も見ている人も躍動感にあふれるところですので，何度か練習をさせてください。

❹ みんなで一緒に行う場所が，DやHのおなかと足ぶみになります。特に足ぶみでは8分音符を続けて打つことになりますので，少しずれることがあっても指導者は装飾音符だと思って気にしないで指導をお願いします。

(楽譜)

③のパートが入ります
2小節で1つのリズム，そのくり返しです

1回目…Cへ戻る
2回目…Dへ進む

3パートとも同じリズム
おなかは両手で，足ぶみは左右交互です

Eへ進む

E

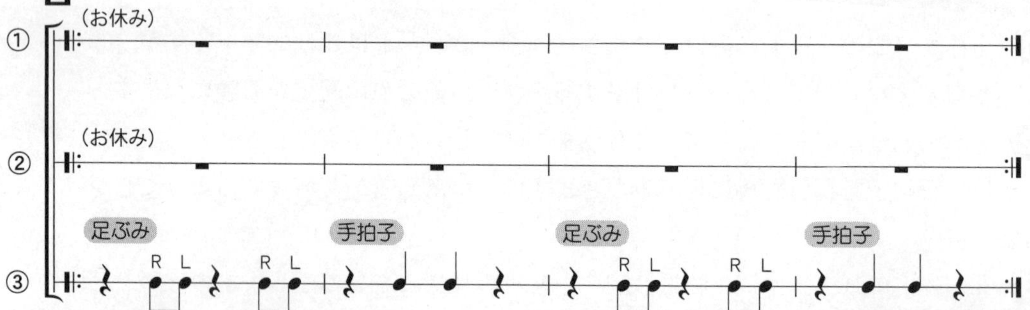

今度は③のパートから　前半と同じリズムです

1回目…Eへ戻る
2回目…Fへ進む

F

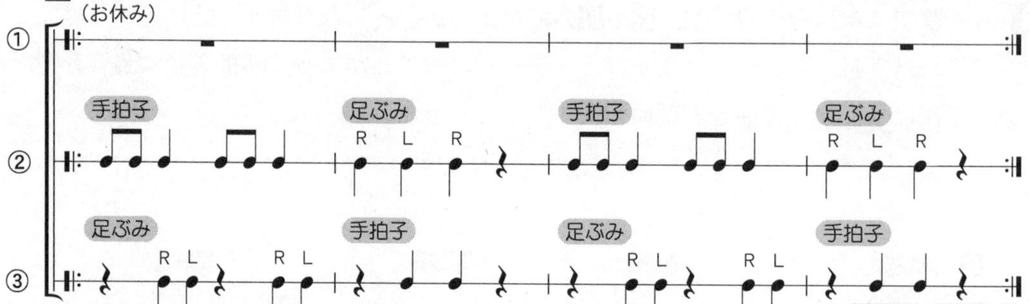

②のパートが入ります　前半と同じリズムです

1回目…Fへ戻る
2回目…Gへ進む

G

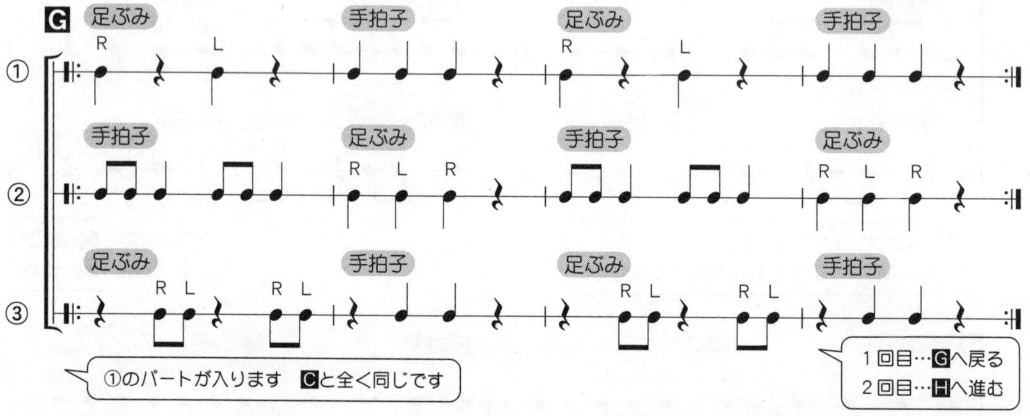

①のパートが入ります　Cと全く同じです

1回目…Gへ戻る
2回目…Hへ進む

H

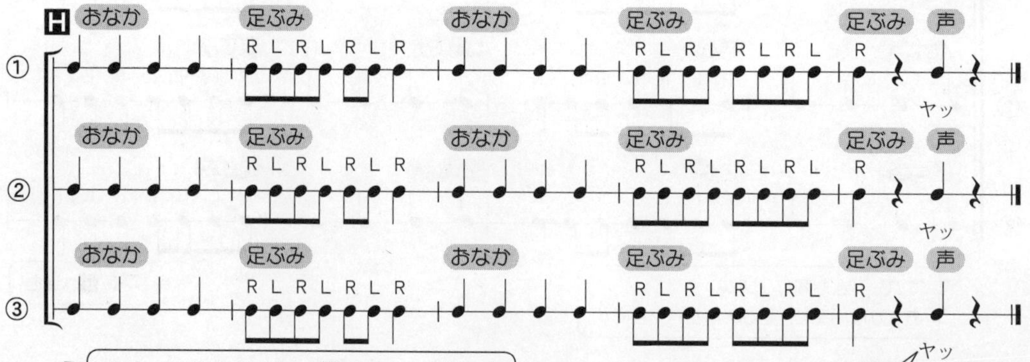

3パートとも同じリズム　Dとほとんど同じです

かけ声は元気よく！

コラム♪♪ 外国曲「ロック・トラップ」はボディパーカッション？

　誰もが簡単に取り組めない「身体を打楽器にする楽曲」は，「楽器ができなくても，歌が上手に歌えなくても，楽譜が読めなくても音楽は楽しめる！ボディパーカッション」ではありません。

　例えば「トッカータ・ウィズアウト・インスツルメント」「ロック・トラップ」など，外国曲の"身体を打楽器にする"パーカッション・アンサンブルの曲は，ボディパーカッション教育とは全くかけ離れています。

　過去に，これらの曲を小学生や中高校生に教えたことがありましたが，指導することは大変難しいと感じました。そのわけは，次のような点からです。

① 小学生の子どもたちに専門的な楽譜を読み理解できる能力が必要になる。
② 打楽器として，基礎的演奏技能，また曲によっては高度な演奏能力必要になる。
③ 楽譜を見ながら合わせるという音楽のアンサンブル経験能力が問われる。
④ 小学校現場において音楽的な専門知識や経験が少ない教師が，楽譜から曲を理解し，リズムを主体にしたアンサンブル（合奏）を小学校の生徒に教えることは困難である。

　外国のパーカッション・アンサンブルの曲は，楽譜の読み方が五線譜に書いてあったり，通常における五線譜と記譜法が違っていたり，児童生徒が，学校やピアノのおけいこなどの音楽教室で習得している読譜の方法と全く違っているのです。そのため，指導者も含めて曲をイメージし理解するのが大変困難になってきます。

　　　　　　　　参考：山田俊之「ＢＰの歩みと実践」，『音楽教育実践ジャーナル』
　　　　　　　　日本音楽教育学会，2002年

FILE 25 手拍子の花束「ダンディライオンⅡ」
~ dandelionⅡ たんぽぽⅡ ~

難易度（高学年）
★★★☆☆

　この曲は，全体を四つのパートに分けて行います。特に②パートのリズムは，裏拍に8分音符が二つ入ることで大変リズミカルなアクセントになります。いわゆる「ノリのよいリズムアンサンブル」になりますので，もり上がることまちがいなしです。私は，この④パートのリズムを使ってさまざまなボディパーカッションの曲を発展させました。特にハンディーキャップのある子どもたちにとっても，聴覚に障害にある子どもたちにとっても，視覚的にリズムを確認しながら打つことができますので，大変有効だと思います。また，各パートによって，難易度が違ってきますので，上手にできる子どもと苦手な子どものパート分けも，指導者が配慮して行うことができます。それではどうぞお楽しみください。

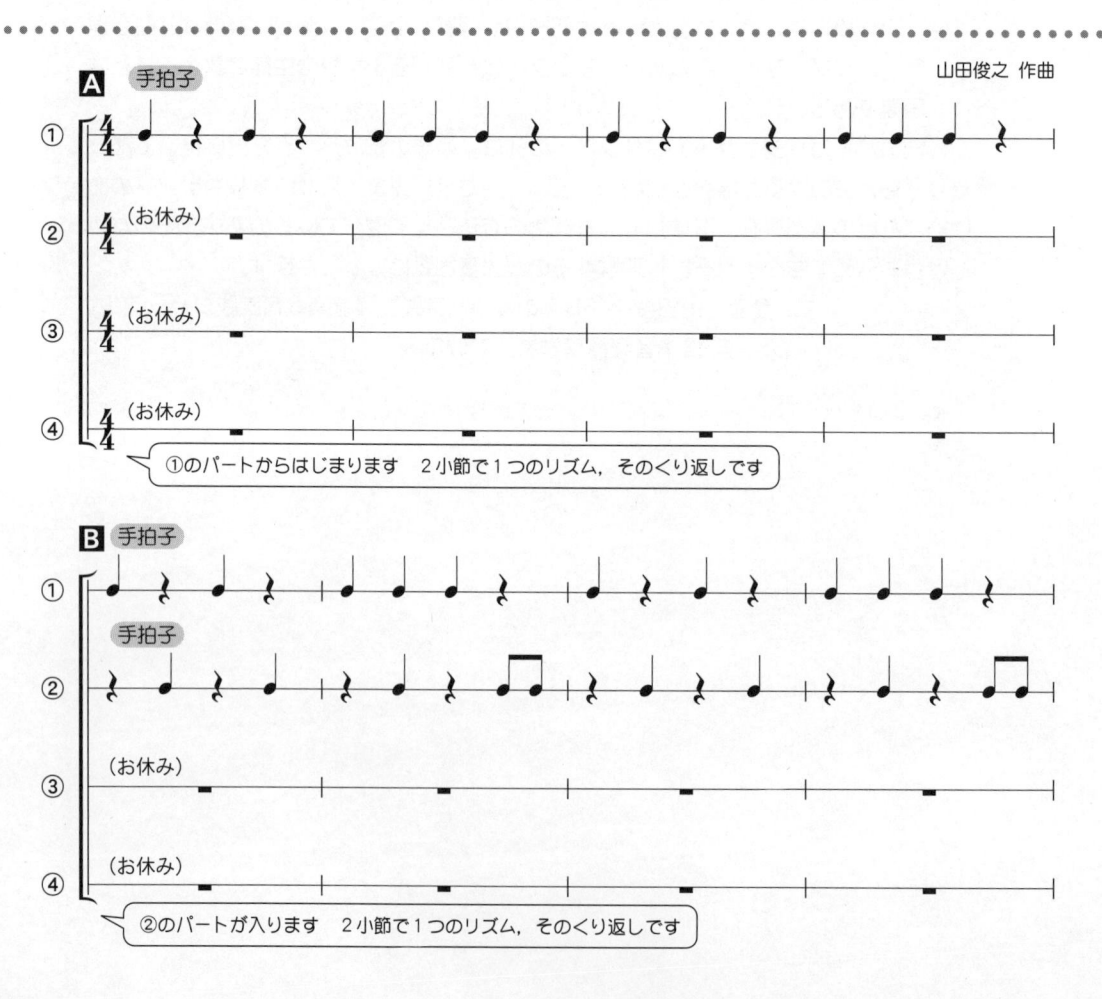

山田俊之　作曲

A 手拍子
① のパートからはじまります　2小節で1つのリズム，そのくり返しです

B 手拍子
② のパートが入ります　2小節で1つのリズム，そのくり返しです

CHAPTER Ⅱ　ボディパーカッションをやろう！

ワンポイントアドバイス

❶ 全体を四つのパートに分けてください。①，③パートは比較的簡単にできるので，うまくリズムが打てなかったり苦手な子どもたちはこのパートに入れるとよいでしょう。

❷ ②パートは，アフタービート（2拍目や4拍目など裏拍が強い）のリズムになりますので，リズムの取り方が難しくなります。この場合，①パートと一緒に練習をすると，アンサンブルのタイミングが分かるので大変有効だと思います。特に**C**の2小節目や4小節目の4拍目の8分音符二つは大変重要なリズムになりますので気をつけてください。

❸ ④パートのリズムは，リズミカルに打つことを心がけてください。カノン形式（追いかけっこ）で行う場合には最後にこのリズムが入りますので，全体のリズムが大変華やかに聞こえてきます。

❹ **E**と**J**では全員で同じリズム（ユニゾンリズム）を打ちますが，この場合両手でおなかを4回打った後に，片手ずつで左右交互にひざを打ちます。ひざを打つ場合は右と左の手順を全員で合わせるようにしてください。その方が演奏を見ている人たちにとってもきれいに見えます。

E

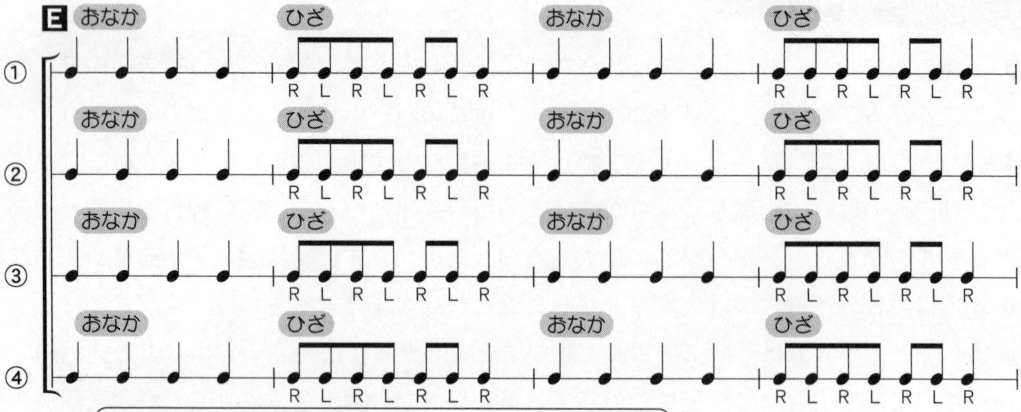

4パートとも同じリズム　おなかは両手で，ひざは片手ずつ交互に

F

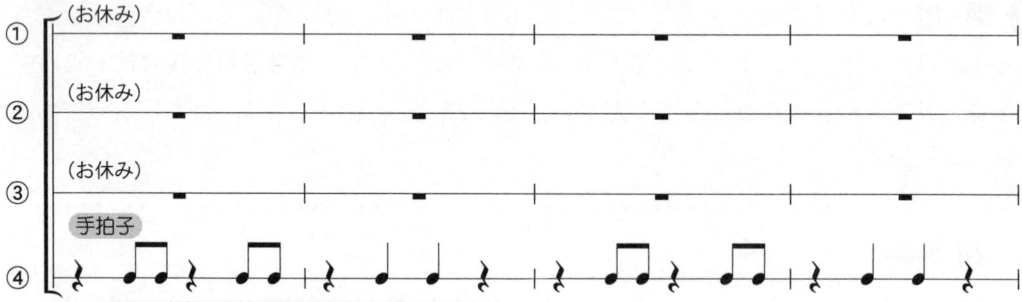

今度は④のパートから　前半と同じリズムです

G

③のパートが入ります　前半と同じリズムです

H

②のパートが入ります　前半と同じリズムです

CHAPTER II　ボディパーカッションをやろう！

FILE 26 手拍子の花束「ダンディライオン・シューティングスター」
～dandelion-shooting star たんぽぽ・流れ星バージョン～

難易度（高学年） ★★★★☆

　この曲は，FILE25「ダンディライオンⅡ」につなげて演奏してみましょう。曲の途中（**K**）に手拍子によるかけ合いが入ることで，大変華やかな曲の構成になります。ボディパーカッションの中でも，演奏会や音楽集会など音楽的な発表の場で使える曲です。この部分は何度か練習が必要になりますが，一番のポイントになりますのでどうぞお楽しみください。

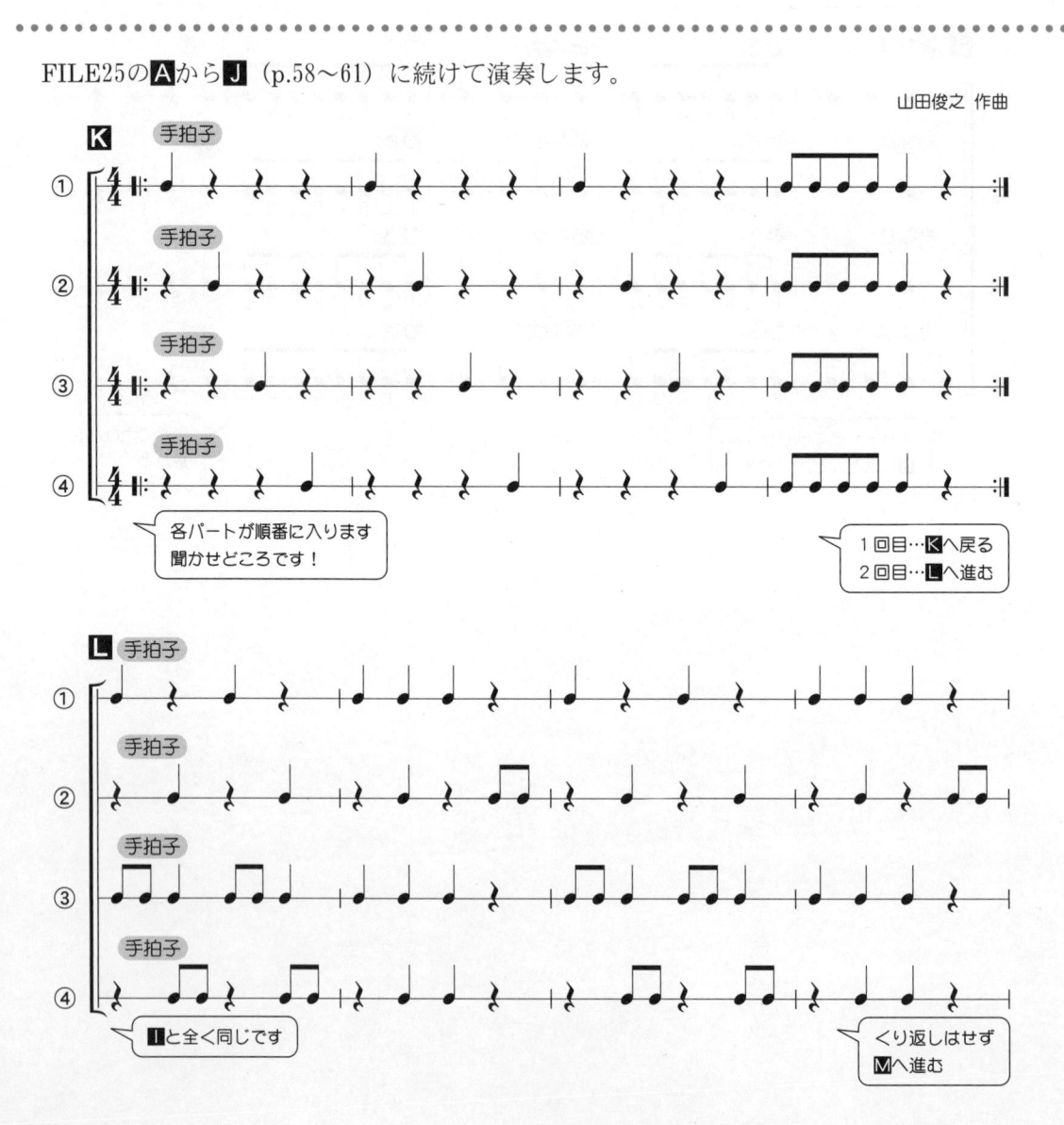

FILE25の**A**から**J**（p.58～61）に続けて演奏します。

山田俊之　作曲

[楽譜：K（手拍子）4パート、L（手拍子）4パート]

各パートが順番に入ります　聞かせどころです！

1回目…**K**へ戻る
2回目…**L**へ進む

Iと全く同じです

くり返しはせず**M**へ進む

CHAPTER II　ボディパーカッションをやろう！

ワンポイントアドバイス

❶　この曲はFILE25「ダンディライオンⅡ」と同じように，全体を四つのパートに分けてください。リズムパターンもまったく同じものです。

❷　Kでは，各パート順に4分音符を1拍ずつ手拍子として打っていきます。名前のとおり「流れ星」のようにリズムが移動していく聞かせどころです。思ったより難しいので，メトロノームを使ったり，指導者がタンバリンや鈴などを使ってテンポを出してあげてください。

❸　全体の流れが確認できましたら，テンポが速くなりすぎないように気をつけてください。特に①パートのリズムがしっかりしたテンポで行い，それにあわせて②パート，③パート，④パートとリズムを打つことを心がけてください。

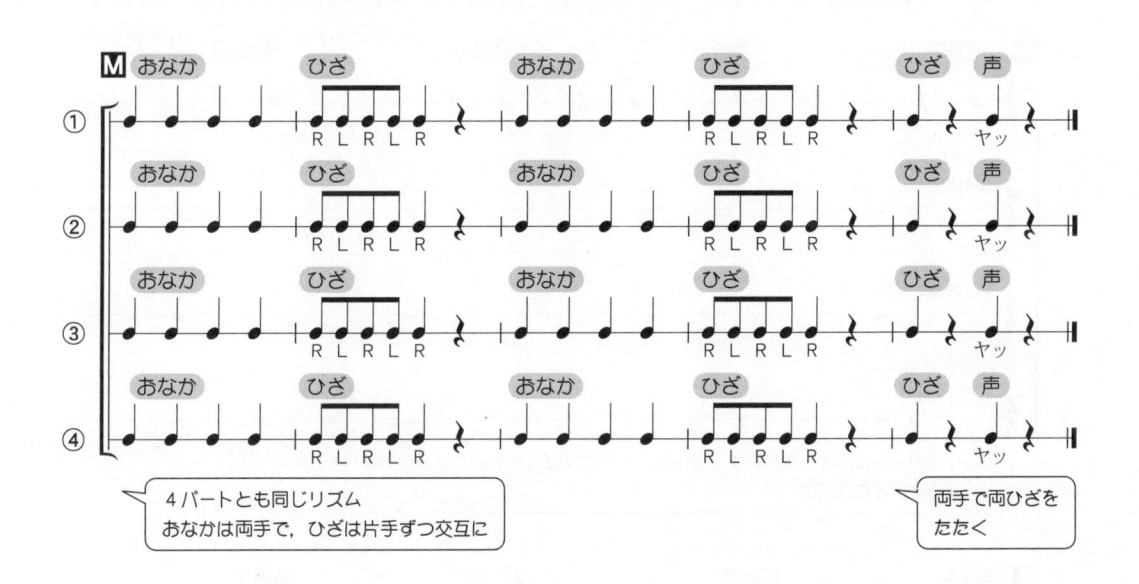

4パートとも同じリズム
おなかは両手で，ひざは片手ずつ交互に

両手で両ひざをたたく

FILE 27 手拍子の花束「サンフラワー・ステップ&ランニング」
〜 sunflower-step&running ひまわり・かけ足バージョン〜

難易度（高学年）★★★★★

　この曲は，FILE26「ダンディライオン・シューティングスター」での手拍子のかけ合いだったところ（K）が，足ぶみにかわります。足ぶみにかわることで，曲全体の生き生きとした躍動感を楽しめます。特に大人数（30人以上）で行う場合は，大変迫力のある曲になります。体育館での全校集会で子どもたちが床に座って聞いている場合，足ぶみによる床の振動が，床に座っている子どもたちに直に伝わり，体感的にも迫力のある曲になります。ぜひ試してみましょう。この曲は，現在，福岡県立久留米聾学校小学部中学部の児童生徒も楽しく取り組んでいます。機会があればごらんください。

山田俊之　作曲

①のパートからはじまります　2小節で1つのリズム，そのくり返しです
足ぶみは左右交互に

②のパートが入ります　2小節で1つのリズム，そのくり返しです

CHAPTER Ⅱ　ボディパーカッションをやろう！

ワンポイントアドバイス

❶ FILE26と同じように全体を四つのパートに分けてください。①，②，③，④パート全てに足ぶみが入りますので，かなり難しい曲になります。

❷ Kでは，足ぶみで1拍に8分音符を二つずつ打っていきますので，大変忙しく演奏しているように見えます。しかし，このことが曲の生き生きとした躍動感を出していますので，どうぞ何度も練習をしてできるように取り組んでください。

❸ 足ぶみがうまくできない子どもがいたり，ハンディーキャップのある子どもは手拍子に置き換えても大丈夫です。また，立ってできない場合は，いすに座ったり，車いすに座ったままでも可能ですので，配慮しながらぜひ取り組んでみましょう。

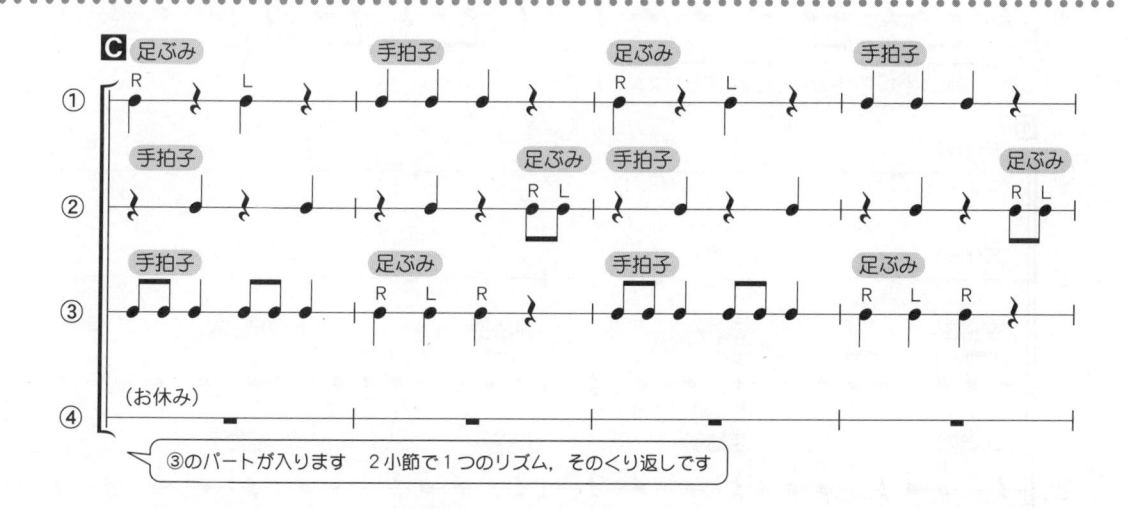

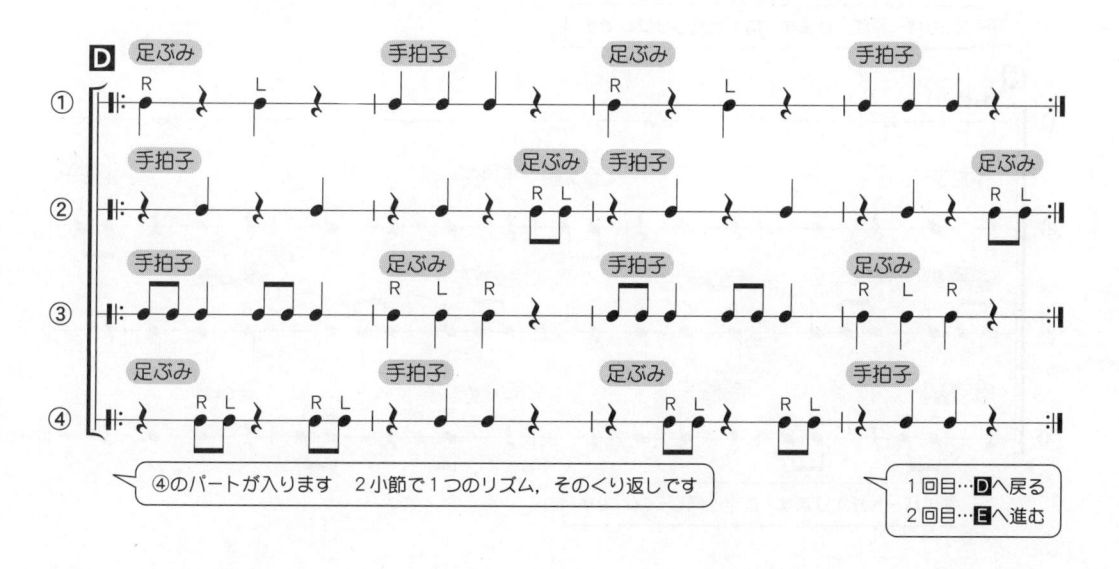

③のパートが入ります　2小節で1つのリズム，そのくり返しです

④のパートが入ります　2小節で1つのリズム，そのくり返しです

1回目…Dへ戻る
2回目…Eへ進む

E

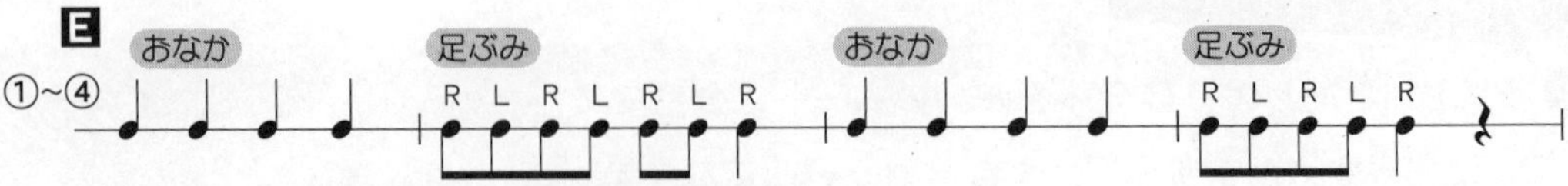

4パートとも同じリズムです　おなかは両手で

F

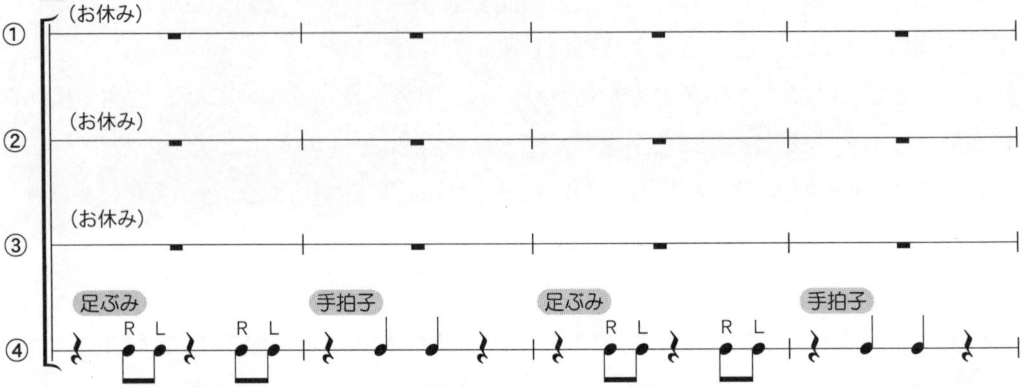

今度は④のパートから　前半と同じリズムです

G

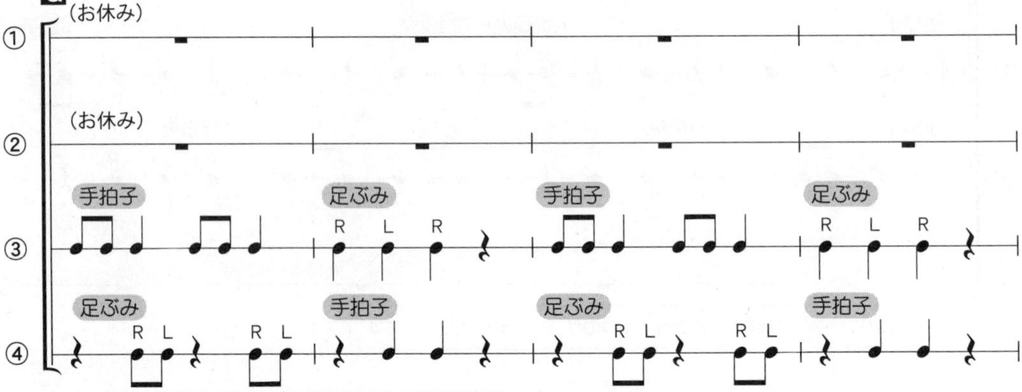

③のパートが入ります　前半と同じリズムです

H

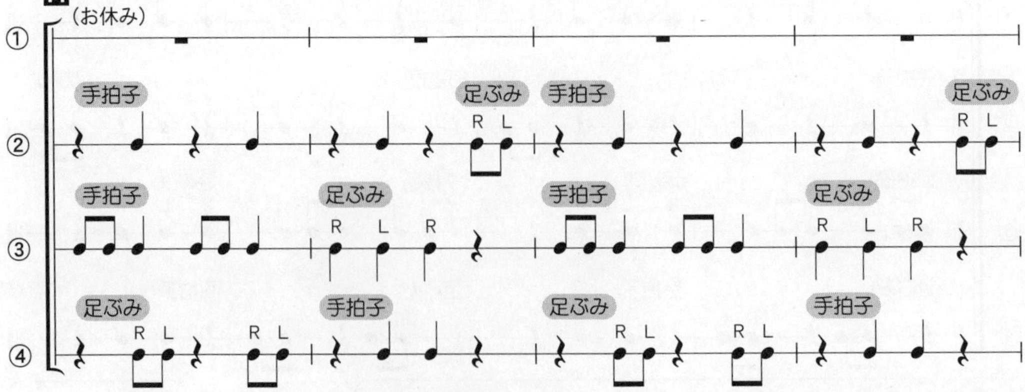

②のパートが入ります　前半と同じリズムです

CHAPTER II ボディパーカッションをやろう！

5 歌って踊ってみんなノリノリになる！ボディパーカッション
～楽しい動きや大好きな歌でもり上がります～

FILE 28　みんななかよしパンパンパン　　難易度 ★★☆☆☆

　手拍子のアンサンブルです。子どもたちはリズムが大好きです。歌いながらリズムを打つことも楽しいのですが，手拍子を使って二つのパートに別れて，お互いにリズムを聴き合いながら合わせるともっと楽しくなります。これは，アンサンブルの基本を身につけ，相手とのコミュニケーションをとることにつながります。さぁ，だれでもできる手拍子のアンサンブルに挑戦してください。

山田俊之　作曲

A
① 手拍子
② （お休み）　手拍子

- ①のパートからはじまります　2小節で1つのリズム，そのくり返しです
- 2小節遅れて②のパートが入ります　2小節で1つのリズム，そのくり返しです

① 手拍子
② 手拍子

- そのまま続きます

リズムでお話できるかな？

CHAPTER Ⅱ　ボディパーカッションをやろう！

ワンポイントアドバイス

❶ この曲は全体が二つのパートに分かれた手拍子のアンサンブルです。低学年から，中学年，そして高学年まで十分楽しめると思います。

❷ 最初に①パートが入って，2小節遅れて②パートが演奏します。これを，「2小節遅れのカノン形式」と呼びます。

❸ エンディング（**C**）は二つのパートが一緒に同じリズムを打ってください。そして，最後に「ヤッ！」と元気いっぱい声を出してポーズ（p.45）を決めてください。

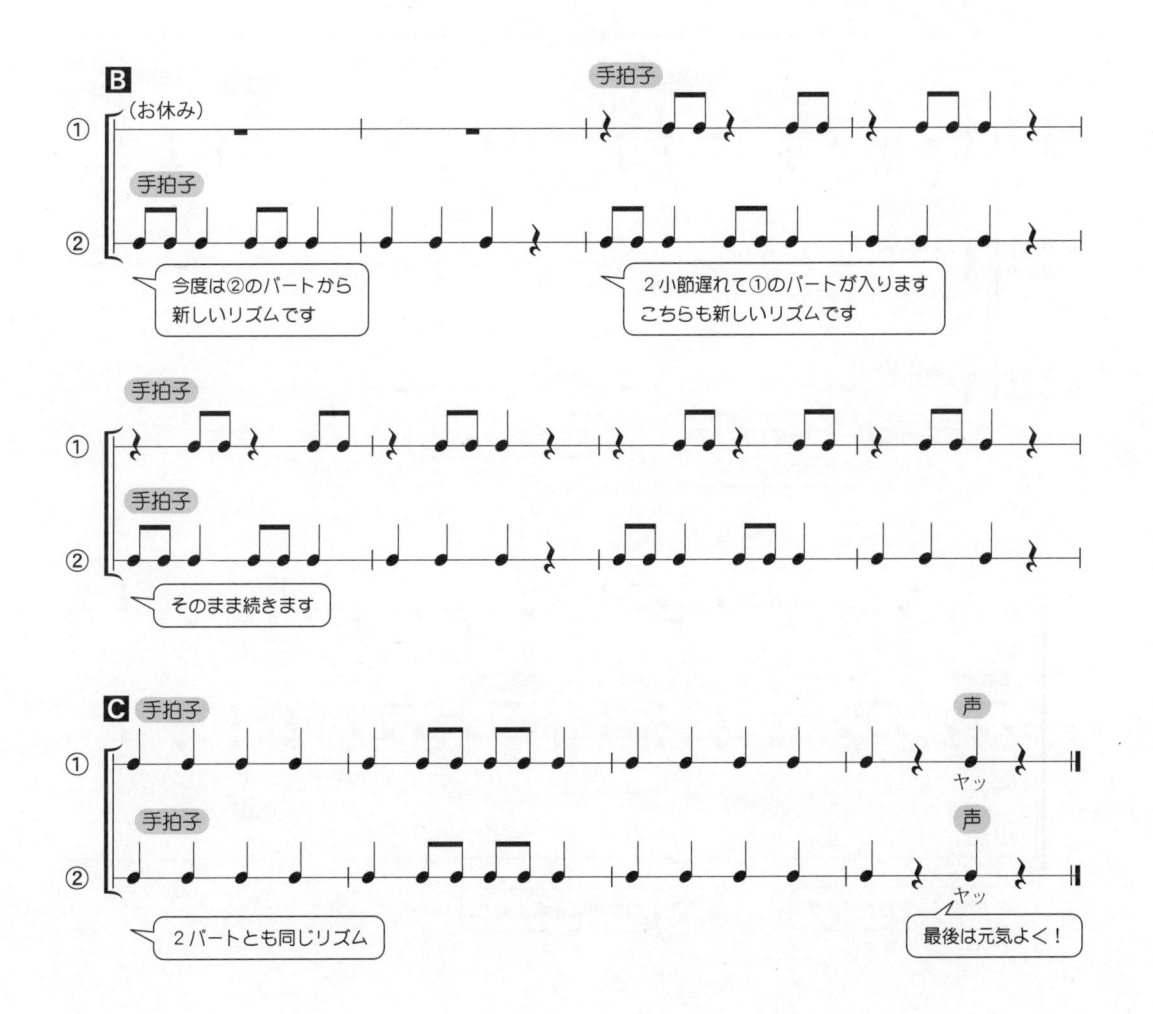

FILE 29 手びょうし・足ぶみドンドコドン

難易度 ★★★☆☆

　この曲は，手拍子と足ぶみと声の組み合わせ（アンサンブル）のボディパーカッションです。「手拍子の花束」のリズムをモチーフにしています。クラスの行事や集会行事，また発表会などさまざまな場面でご活用いただけたらと思っています。1年生から楽しく取り組めますのでどうぞお試しください。手拍子や足ぶみのリズムが少しずれても，コーダ（最後の4小節）の手拍子が合うことで，一体感を味わうことができるので，特別支援が必要な子どもにも優しく取り組めるボディパーカッションです。

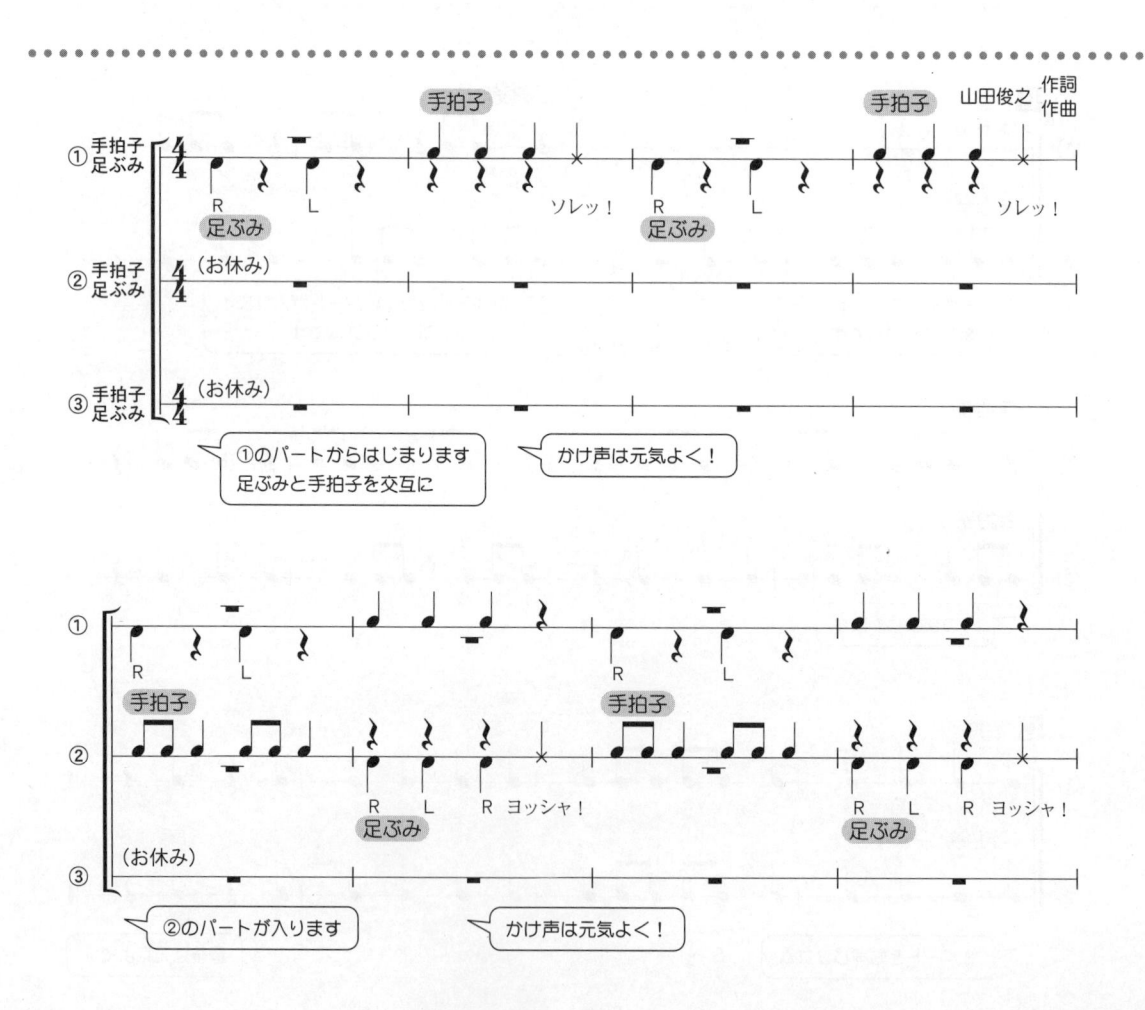

作詞・作曲　山田俊之

CHAPTER II　ボディパーカッションをやろう！

ワンポイントアドバイス

❶ 全体を三つのパートに分けてください（最少人数は3人からできます）。使う音は手拍子と足ぶみ（片足ずつ）とかけ声「ソレ！」（①パート），「ヨッシャ！」（②パート），「ドッコイ！」（③パート）です。

❷ 足ぶみが入りますので，教室や練習を行う場所が，2階以上の場合は階下の迷惑にならないように配慮をお願いいたします。低学年の場合は，4小節遅れのカノン形式が演奏しやすいと思います。

❸ かけ声は元気よく発声するように指導してください。手拍子や足ぶみのリズムが少しずれても気にせず，声を出すタイミングが合えば演奏に参加できるような雰囲気をつくりましょう。

❹ コーダ（最後の4小節）は，手拍子を打ちながら，元気よく「ソレ！」（1小節目），「ヨッシャ！」（2小節目），「ドッコイ！」（3小節目）のかけ声が，全員がなるべくそろうように指導してください。

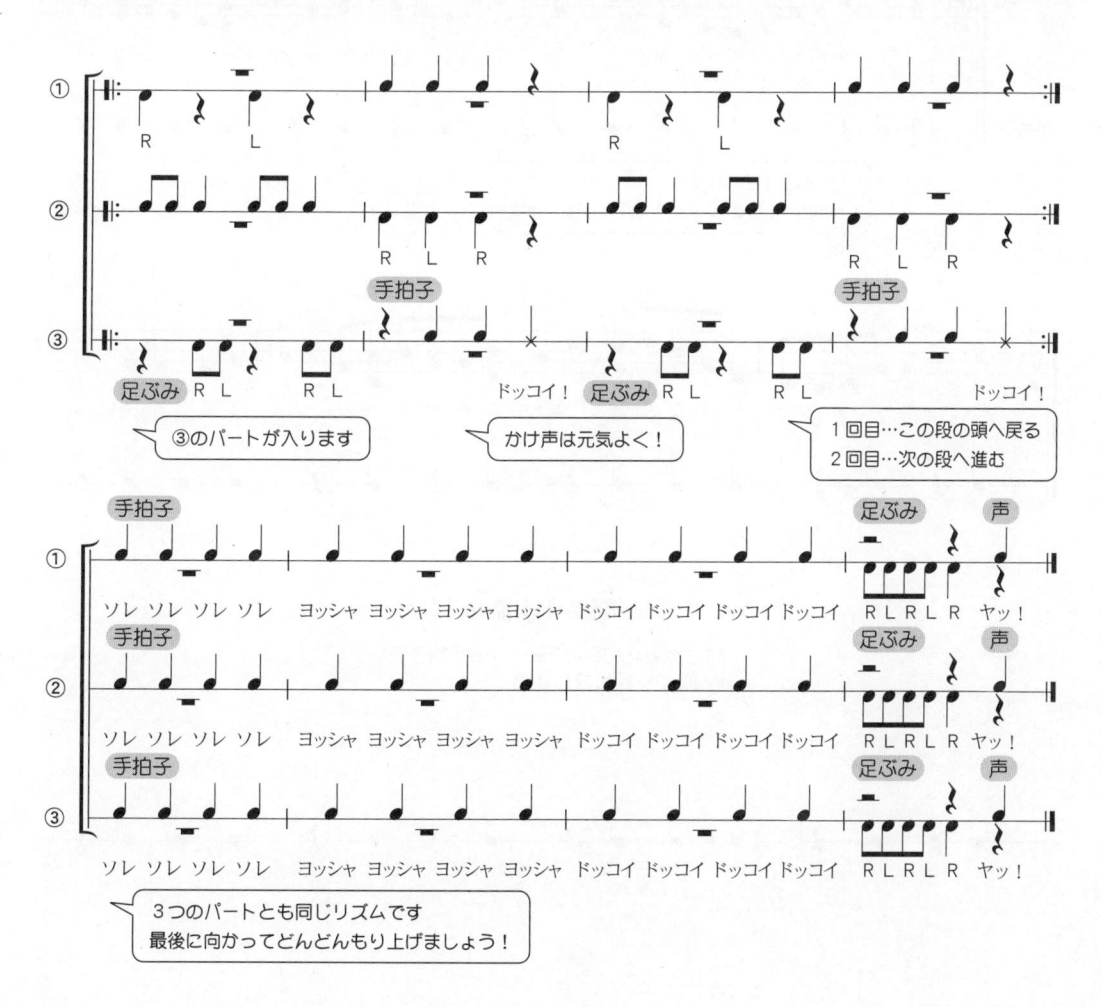

FILE 30 崖の上のポニョ

難易度 ★★☆☆☆

「崖の上のポニョ」は，幼児から大人までよくご存知の，2008年に宮崎駿監督の作られた映画の主題歌です。1年生から6年生まで全校集会などで活用されたらいかがでしょうか？

作曲された久石譲氏は，映画の絵コンテを渡された時，頭にすぐこの曲のメロディーが浮かんだそうです。当初はあまりにも単純な曲だと思ったそうですが，この曲が頭から離れず，その単純さが主題歌に相応しいということで採用されたそうです。みなさんも楽しく，メロディーに合わせて歌いながらボディパーカッションを楽しんでください。

近藤勝也 作詞／宮崎駿 補作詞／久石譲 作曲・編曲／山田俊之 編曲

歌
ポーニョポーニョポーニョ さかなのこ あおいうみからやーってきた

手拍子

1つめのリズムパターン
2小節で1つのリズム，4回くり返します

ポーニョポーニョポーニョ ふくらんだ まんまるおなかの おんなのこー

～間奏4小節～

(1つめのリズムパターンの手拍子を
2回くり返しましょう。)

CHAPTER Ⅱ　ボディパーカッションをやろう！

ワンポイントアドバイス

❶ 基本の三つのリズムパターンが中心ですので，その三つのリズムパターンを１年生から打てるように事前に指導しておいてください。

❷ 間奏の４小節は，１つめのリズムパターンを２回打ってください。

❸ 上手くできない児童や手拍子が合わない児童がいても，装飾音符と考えて楽しく取り組み指導してください。

❹ リズムを打ったりするのが難しい特別支援が必要な児童がいる場合は，基本的には最初から最後まで１つめのリズムパターンを打たせてください。

ペー　タペタ　　ピョーンピョン　　あ　しーっていいな　かけーちゃお！

2つめのリズムパターン
2小節で1つのリズム，4回くり返します

ニー　ギニギ　　ブーンブン　　おてては　いいな　つないじゃお！

あのこと　はねる　と　こころも　おどる　よ　　パ　クパク　チュッギュッ

3つめのリズムパターン
2小節で1つのリズム，2回くり返します

言葉に合わせて手拍子！

楽譜中の歌詞:
- パークパク チュッギュッ！ あのこがだいすき まっかっかの
- ポーニョポーニョポニョ さかなのこ あおいうみから やーってきた
- ポーニョポーニョポニョ ふくらんだ まんまるおなかの おんなのこー

楽譜中の注釈:
- 3つめのリズムパターン　2小節で1つのリズム，2回くり返します
- 1つめのリズムパターン　はじめと全く同じです
- 最後は言葉に合わせて手拍子

ポーニョ ポーニョ ポニョ さかなの子
青い海からやってきた
ポーニョ ポーニョ ポニョ ふくらんだ
まんまるおなかの女の子

ペータペタ ピョーンピョン
足っていいな かけちゃお！
ニーギニギ ブーンブン
おてはいいな つないじゃお！

あの子とはねると 心もおどるよ
パークパクチュッギュッ！ パークパクチュッギュッ！
あの子が大好き まっかっかの

ポーニョ ポーニョ ポニョ さかなの子
青い海からやってきた
ポーニョ ポーニョ ポニョ ふくらんだ
まんまるおなかの女の子

フークフク いいにおい
おなかがすいた 食べちゃお！
よーくよく 見てみよう
あの子もきっと見ている

いっしょに笑うと ホッペがあついよ
ワークワクチュッギュッ！ ワークワクチュッギュッ！
あの子が大好き まっかっかの

ポーニョ ポーニョ ポニョ さかなの子
崖の上にやってきた
ポーニョ ポーニョ ポニョ 女の子
まんまるおなかの元気な子

コラム♪♪

「パチパチパンチ」の島木譲二さんとボディパーカッション教育

　1995年2月上旬，当時の勤務先である久留米市立篠山小学校に電話がかかってきました。「毎日放送ですが，島木譲二さんと一緒にボディパーカッションの授業を行ってくれませんか？」その時，私は大変な勘違いをしてしまいました。というのも，私は福岡在住ですので地元にはRKB毎日放送（福岡市）があり，てっきり島木さんが福岡の教育関係者だと思い込んでいたのです。

　当時，ボディパーカッション教育は全く社会的な認知がされておらず，地元の音楽教育関係者からも「それ何？　体をたたいて音楽になるの？」と言われていました。そこで，校長先生に相談したところ，「テレビに出るのは子どもたちのはげみになるだろう」ということになり，前述の勘違いをしたまま引き受けてしまいました。

　ところが，撮影1週間前になって台本が送られてきてびっくり。番組名は「ダウトを探せ」（制作　大阪毎日放送）で，島木さんというのは「大阪名物パチパチパンチ」で有名なあの島木譲二さん（吉本興業）であること，また司会者，コメンテーターの方が島田紳助さんや和田アキ子さんであることが分かったのです。さらには，台本のタイトルが「日本一のパチパチ対決　島木譲二 VS 小学生」となっていることを初めて知ったのです。あわててディレクターの方へ連絡し，ボディパーカッション教育活動の経緯や，教育現場で撮影される場合は教育的な配慮を十分にお願いしたい旨をお伝えしました。

　その時，私が強く危惧したのは，「ボディパーカッション」という名称が，「上半身を裸になって体を叩く」というような変なイメージを一般に植えつけてしまうのではないか，ということでした。そんなイメージが一人歩きすることがないようにしなければ，それまで10年近く楽しんで活動してくれた子どもたちへ申し訳ないという思いでした。

　いよいよ撮影当日になり，島木さんはいきなり上半身裸で音楽の授業中に音楽室に現れました。その瞬間5年生の子どもたちは大喜び，私と交互に身体をたたくやりとりをした後，島木さんも子どもたちの中に参加してボディパーカッションを行いました。ところが島木さんはなかなか上手くできず，子どもから「ヘタクソ！」と言われ一同大爆笑。「かなわんなー」と言いながら温かい雰囲気の中，私が危惧していたことが杞憂に終わり，島木さんも子どもたちも楽しく授業を進めることができました。そして，その映像を見終わった和田アキ子さんが「シャツくらい着ていけばいいのに」と言われていたのが印象的でした。

FILE 31 手のひらを太陽に

難易度 ★★★☆☆

「手のひらを太陽に」を手拍子でリズム伴奏をします。1年生から6年生まで手拍子をしながら歌えると思いますので楽しんでください。特別支援が必要な子どもたちがいる場合は，間違いを気にしないように楽しく打たせてください。

今でもよく歌われるこの曲は，アンパンマンの作者で有名な，やなせたかし氏が作詞しました。今から50年ほど前の1961（昭和36）年，当時，テレビ番組の台本構成をしていたやなせ氏は，気分が落ち込み，暗いところで自分の冷たい手を懐中電灯で暖めながら仕事をしていたそうです。ふと懐中電灯にかざされた自分の手を見ると，真っ赤な血が見える。その時，自分は「生きているんだ」ということを再発見し，その喜びを謳歌してがんばらなくてはと，自分をはげますためにこの詞を作ったとのことです。

みんなでそんな気持ちをこめながら手拍子をしてみるとよいですね。

やなせたかし 作詞／いずみたく 作曲／山田俊之 編曲

1. ぼくらはみんな いきている いきているから うたうんだ
   ぼくらはみんな いきている いきているから かなしいんだ
2. ぼくらはみんな いきている いきているから わらうんだ
   ぼくらはみんな いきている いきているから うれしいんだ

①と②のパートは同じリズム

1回目…はじめに戻る
2回目…次に進む

てのひらを たいように すかしてみれば

①と③のパートのリズムはそのまま
②のパートだけ変わります

CHAPTER Ⅱ　ボディパーカッションをやろう！

ワンポイントアドバイス

❶ 全体を①パート，②パート，③パートの三つに分けてください。❹のように①パートから段階的に指導すれば，無理なくできるでしょう。三つのパートすべてのリズムが変化していきますので，子どもたちは意欲的にチャレンジできると思います。

❷ ①パート，②パート，③パートのリズムパターンは「手拍子の花束」で使っているリズムと同じですので，低学年から簡単に取り組めます。各パートともに，手拍子をしながら歌う練習をしてください。

❸ 演奏の途中で，手拍子のリズムが少しずれてもあまり気にしないでください。少しの音のずれは装飾音符としてとらえましょう。

❹ スモールステップアップとして，下記のように段階的に指導してください。
　　1ステップ：①パートの手拍子リズムと全員の歌を合わせる。
　　2ステップ：②パートの手拍子リズムと全員の歌を合わせる。
　　3ステップ：③パートの手拍子リズムと全員の歌を合わせる。
　　4ステップ：①，②，③パートの手拍子リズムと全員の歌を合わせる。

①のパートのリズムだけ変わります

3パートとも同じリズムです

FILE 32 モグラ・ストンプ

難易度 ★★★★☆

　ボディパーカッション曲「モグラ・ストンプ」という曲をご紹介したいと思います。このモグラという名はどこかで聞き覚えがあるのではないでしょうか？　そうです！　みなさんもよくご存知の，ゲームコーナーなどに置いてある「モグラたたき」ゲームからイメージして作曲しました。

　このゲーム機は，モグラがいろいろなところから頭を出してきます。そして，そのモグラの頭を備え付けのとんかち（金槌みたいなもの）でトントンとたたいて点数を増やすゲームです。モグラが頭を出す様子が大変ユーモラスでかわいらしいと思いましたので，その楽しくとび上がる様子をボディパーカッション曲に取り入れて表現してみました。手拍子やジャンプなど，低学年から楽しく取り組むことができると思います。どうぞお楽しみください。

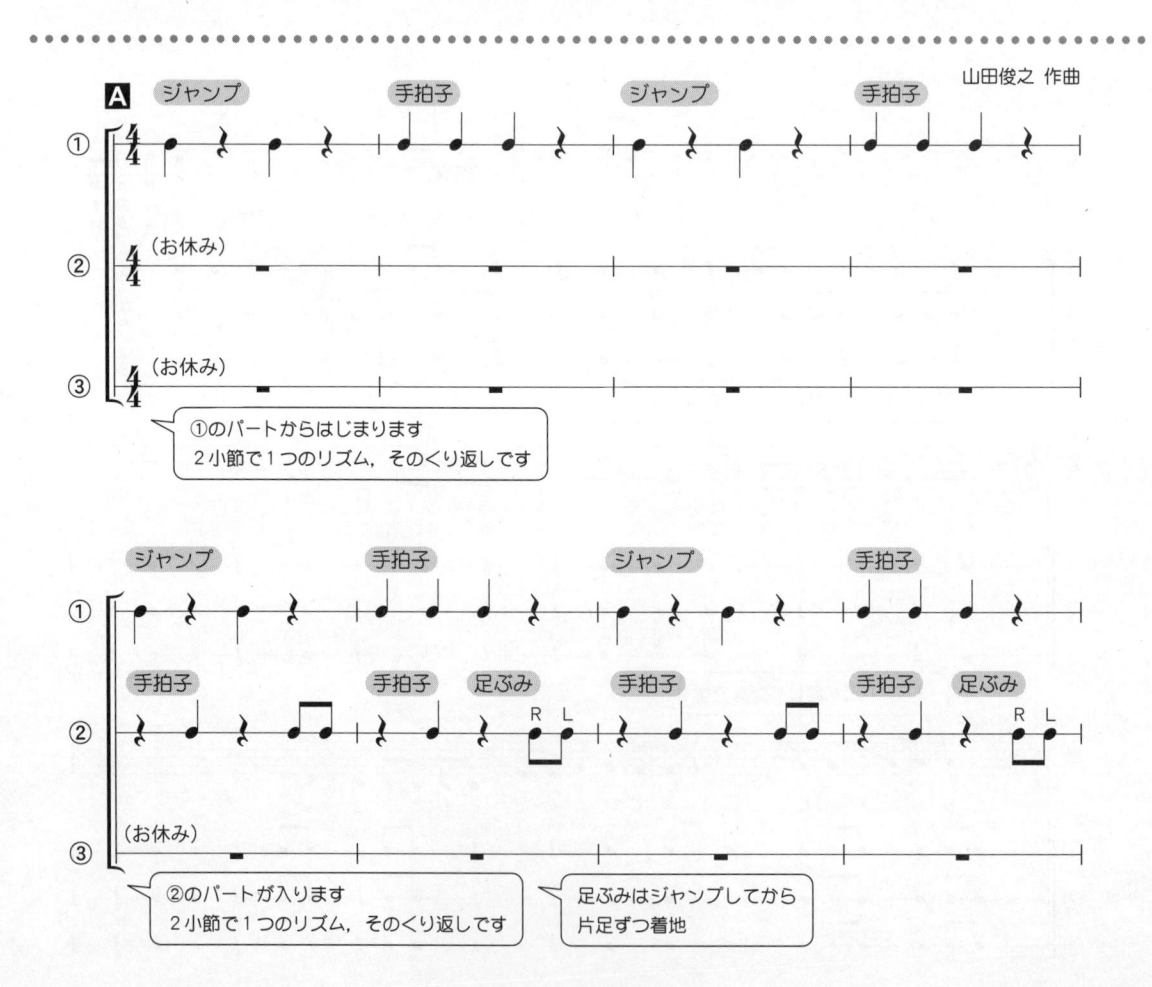

山田俊之　作曲

①のパートからはじまります
2小節で1つのリズム，そのくり返しです

②のパートが入ります
2小節で1つのリズム，そのくり返しです

足ぶみはジャンプしてから
片足ずつ着地

CHAPTER Ⅱ　ボディパーカッションをやろう！

ワンポイントアドバイス

❶ 全体を三つのパートに分けてください（最少人数は3人からできます）。ジャンプの部分は，両足でまっすぐ上にジャンプさせてください。②パートの6小節目の足ぶみのところは，両足でジャンプをして片足ずつ床におろしてリズムを刻むように指導してください。

❷ うまくとべない子どもやリズムがそろわない場合も，そのズレが「心地よいゆらぎ」ととらえて指導しましょう。

❸ 必ず上ばきを履いて演奏するようにしてください。特に，床下がコンクリートなどの硬いところにフローリング材が貼ってある場合は，かなり足全体への反発が強く，子どもたちのかかとやひざを痛める可能性があるので注意してください。（通常の学校使用の上ばきは靴底が薄いので，練習時間などの配慮をお願いします。）

❹ この曲は，ジャンプをする時になるべく高くとび上がるように指導をしてください。その方が見栄えします。20人以上で行う場合は，その様子が大変リズミカルで，モグラが大きくとび出すように見え，迫力のある曲になります。

③のパートが入ります
2小節で1つのリズム，そのくり返しです

直前の4小節をくり返します

C

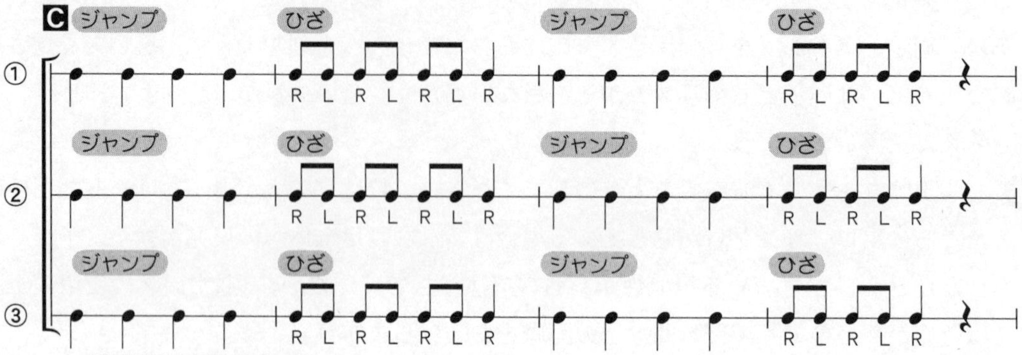

3パートとも同じリズム

D

今度は③のパートから
前半と同じリズムです

E

②のパートが入ります
前半と同じリズムです

CHAPTER II　ボディパーカッションをやろう！

FILE 33 ピーチク・パーチク・ポンポコリン

難易度 ★★☆☆☆

　この曲はボイスアンサンブルの曲です。ボイスアンサンブルは，合唱のように音程やハーモニーを気にせずに気楽に演奏することができます。特別支援教育の現場や通常学級においても，発達障害がある子どもたちと一緒に楽しく取り組めます。

　使う言葉は「ポン・ポン・ポンポコリン」と「ピーチク・パーチク・ピーピーピー」だけです。ですから1年生から十分楽しめます。4年生以上で演奏する場合は，テンポを♩=140以上とやや速めに設定すると，スピード感あふれるユーモラスな曲になります。

山田俊之　作詞作曲

♩=120〜130

A 声
① ポン　ポン　ポン ポ コ リン　ポン　ポン　ポン ポ コ リン
② （お休み）

①のパートからはじまります

B
① （お休み）
② 声　ピー チク パー チク ピー ピー ピー　ピー チク パー チク ピー ピー ピー

①に替わって②のパートです

C
① ポン　ポン　ポン ポ コ リン　ポン　ポン　ポン ポ コ リン
② ピー チク パー チク ピー ピー ピー　ピー チク パー チク ピー ピー ピー

2パート同時に

1回目…**C**へ戻る
2回目…**D**へ進む

CHAPTER Ⅱ　ボディパーカッションをやろう！

ワンポイントアドバイス

❶ 全体を二つのパートに分けてください（最少人数は2人からできます）。二つのパートに分かれて，子どもたちが「ピーチク」（ひばり）と「ポンポコリン」（タヌキ）の部分のポーズを考えたり，ひばりやタヌキのお面などを作ったりすることも楽しい授業になると思います。

❷ C以降は4小節を2回くり返します。Eはお互いのパートをミックスした言葉で発声します。Eだけが二つのパート一緒に同じ言葉なので気をつけてください。

❸ 子どもたちには，楽譜を提示せずに，実際に先生が2小節単位で発声して，提示してください。また，全体の構成は，子どもたちが覚えるまで板書して流れを分かりやすく視覚化した方がいいと思います。大きく口を開けて言葉をはっきり発声するように指導してください。

❹ 子どもたちの中でうまく言葉のタイミングがそろわない場合も，そのズレが「心地よいエコー効果」ととらえて指導しましょう。大きく怒鳴るような声を出したり，逆に頭声的発声にこだわったりしないで，自然な形で発音させてください。声を響かせるよりは，言葉を揃えるイメージで行うのがポイントです。

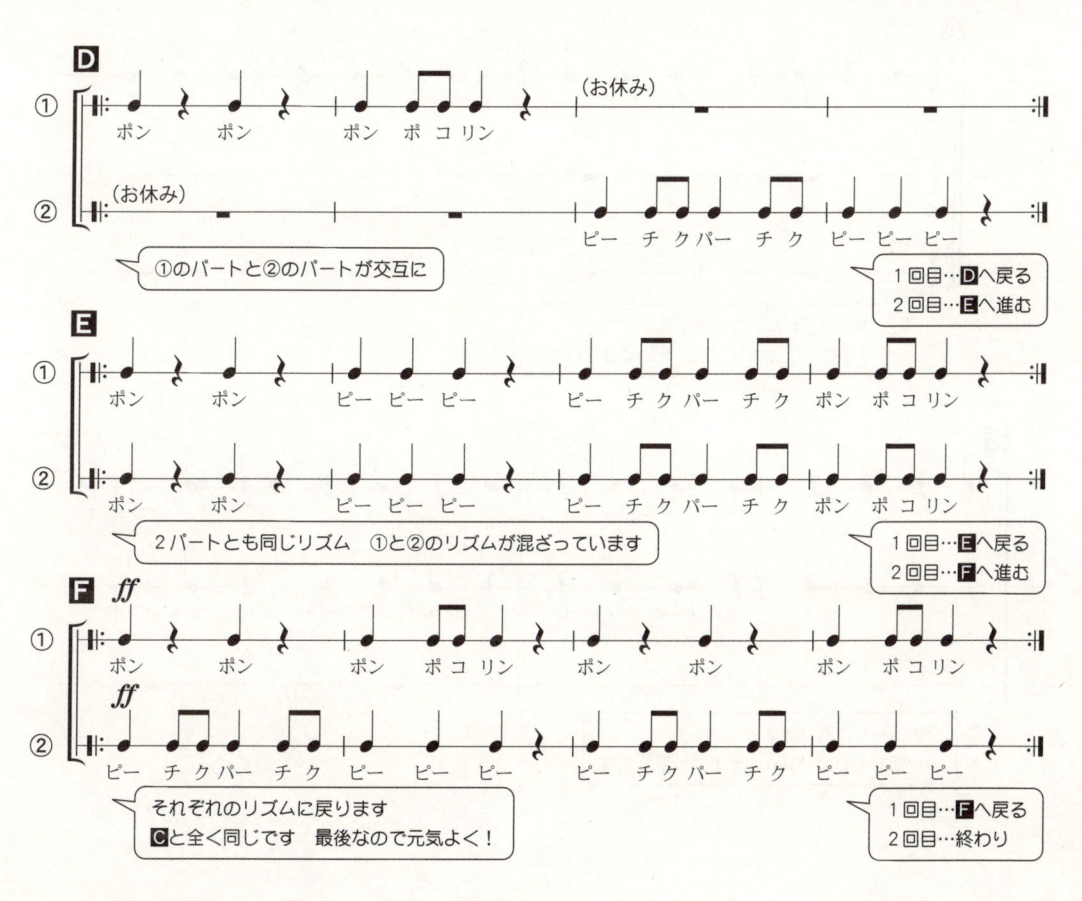

D
① ポン　ポン　ポン ポ コ リン　（お休み）
② （お休み）　ピー チ ク パー チ ク　ピー　ピー　ピー

①のパートと②のパートが交互に
1回目…Dへ戻る
2回目…Eへ進む

E
① ポン　ポン　ピー　ピー　ピー　ピー チ ク パー チ ク　ポン ポ コ リン
② ポン　ポン　ピー　ピー　ピー　ピー チ ク パー チ ク　ポン ポ コ リン

2パートとも同じリズム　①と②のリズムが混ざっています
1回目…Eへ戻る
2回目…Fへ進む

F *ff*
① ポン　ポン　ポン ポ コ リン　ポン　ポン　ポン ポ コ リン
ff
② ピー チ ク パー チ ク ピー ピー ピー　ピー チ ク パー チ ク ピー ピー ピー

それぞれのリズムに戻ります
Cと全く同じです　最後なので元気よく！
1回目…Fへ戻る
2回目…終わり

FILE 34 みんなでグー・チョキ・パー

難易度 ★★☆☆☆

「みんなでグーチョキパー」を使って児童集会をしてみませんか？ じゃんけんをすると子どもたちは熱くもり上がります。このじゃんけんで使う「グーチョキパー」を使って言葉のアンサンブルにしました。演奏というよりリズムに乗った「じゃんけんゲーム」と考えてください。最後は教師や前に立っているリーダーとじゃんけんをしますので，勝った子が喜ぶようなアイデアを考えるとさらに楽しくなると思います。

例：連続して4回勝った人は「じゃんけんの王様」カードをもらえる
　　全体を二つのグループに分けて，リーダーを数人選び対抗戦　など

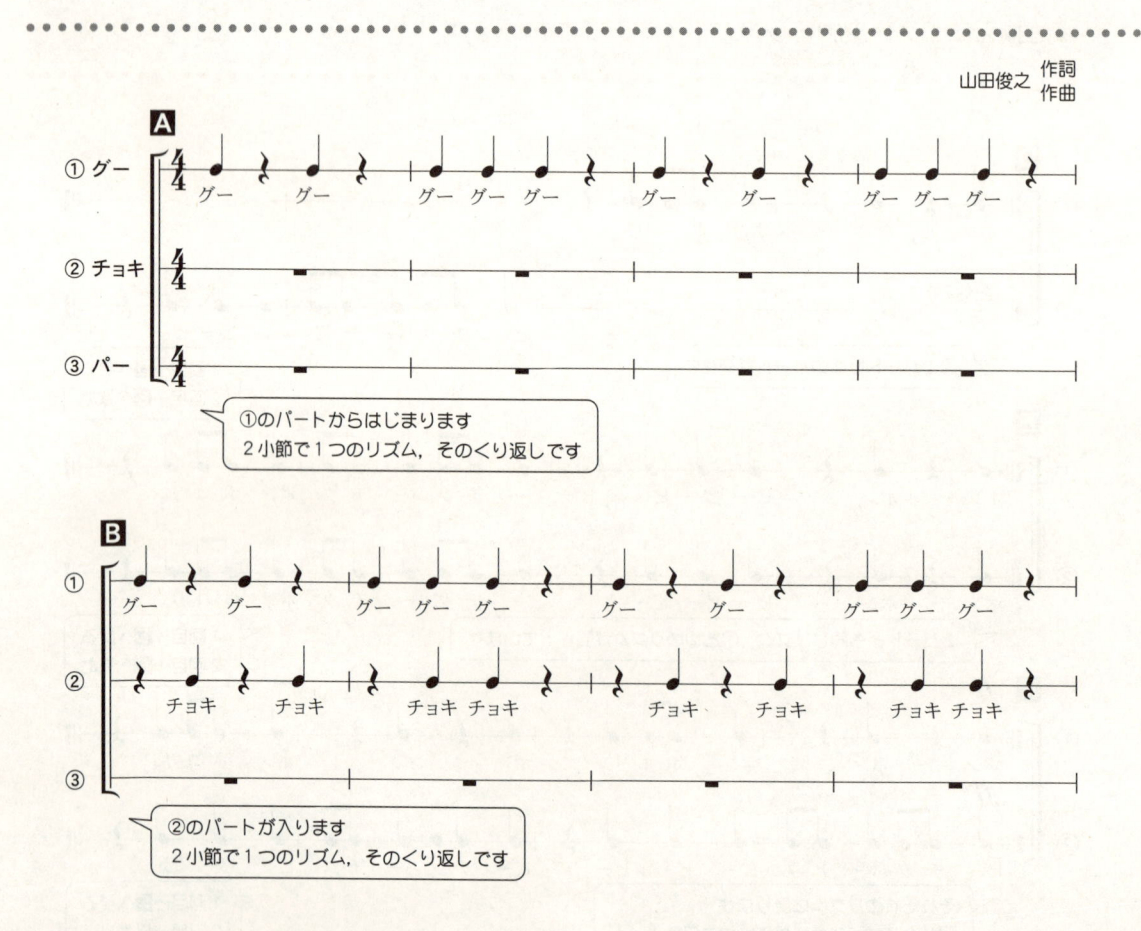

山田俊之 作詞／作曲

A
① グー
② チョキ
③ パー

①のパートからはじまります
2小節で1つのリズム，そのくり返しです

B
①
②
③

②のパートが入ります
2小節で1つのリズム，そのくり返しです

CHAPTER Ⅱ　ボディパーカッションをやろう！

ワンポイントアドバイス

教　師		
①パート グー	②パート チョキ	③パート パー

❶ 右記の図のように，全体三つのグループに分け，各グループを，グー（①パート），チョキ（②パート），パー（③パート）と決めてください。

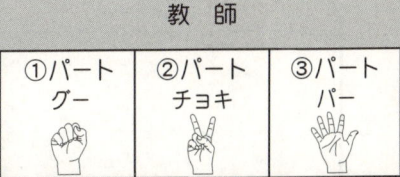

❷ 指導者が各パートのリズムを，実際にグー，チョキ，パーの動作を交えてリズムパターンを言いながら説明します。グーチョキパーの順で各パート別に，リズムパターン（各パート開始の2小節）を2回連続して練習をしましょう（例：「グー　グー　グーグーグー，グー　グー　グーグーグー」）。

❸ 各パートできるようになったら，三つのパート一緒に楽譜通りに**C**まで演奏してください。最後（**D**）に全員で「最初はグー　じゃんけんぽん」を付け加えて，教師とじゃんけんしてください。子どもたちは，自分のパートのじゃんけんとは無関係に，好きなじゃんけんを出すことができます。

❹ 1回目（**A**〜）は①パート（グー）からはじめて，2回目（**E**〜）は反対の③パート（パー）からはじめてください。

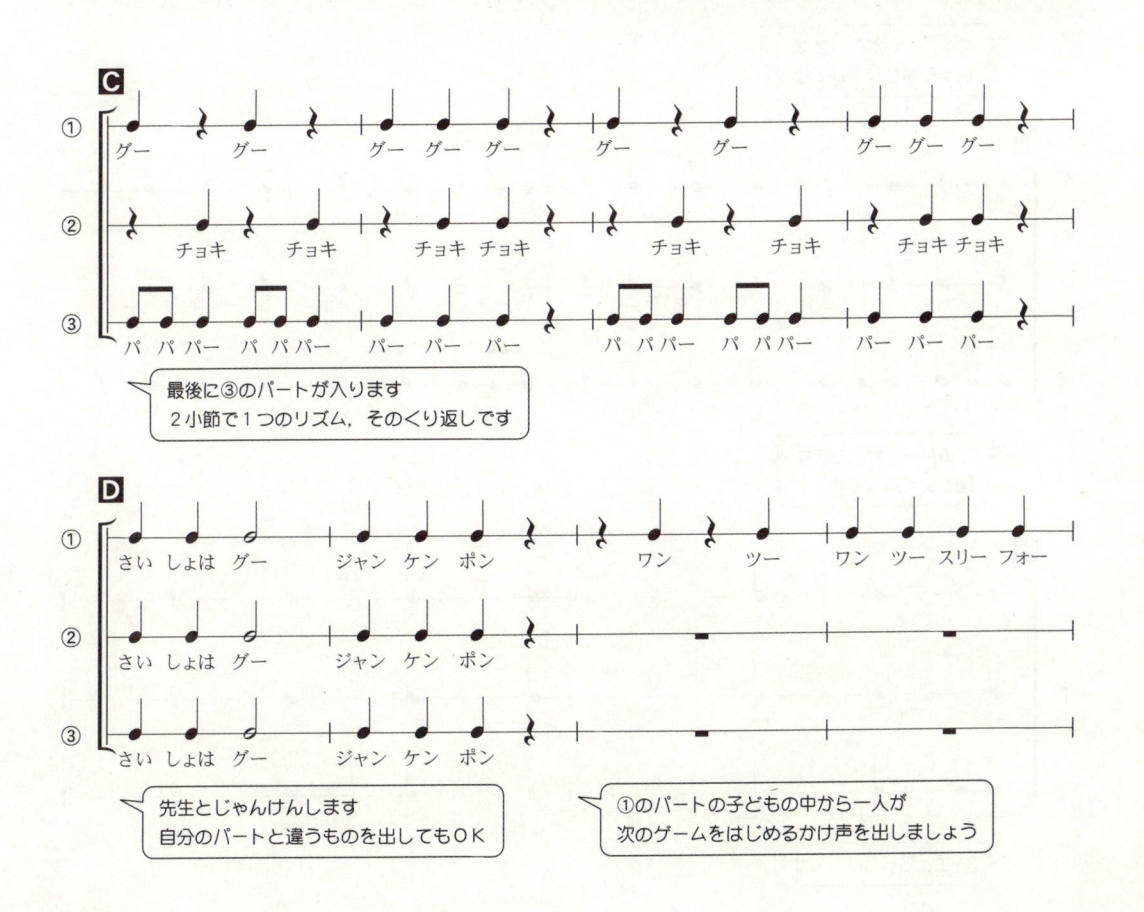

C
① グー　グー　グーグーグー　グー　グー　グーグーグー
② チョキ　チョキ　チョキチョキ　チョキ　チョキ　チョキチョキ
③ パ パパー　パ パパー　パー　パー　パー　パ パパー　パ パパー　パー　パー　パー

　最後に③のパートが入ります
　2小節で1つのリズム，そのくり返しです

D
① さい しょは グー　ジャン ケン ポン　　ワン　ツー　ワン ツー スリー フォー
② さい しょは グー　ジャン ケン ポン
③ さい しょは グー　ジャン ケン ポン

　先生とじゃんけんします
　自分のパートと違うものを出してもOK

　①のパートの子どもの中から一人が
　次のゲームをはじめるかけ声を出しましょう

E

③ パ パパー パ パパー パー パー パー パ パパー パ パパー パー パー パー

> 2回目は③のパートからはじまります
> 前半と同じリズムです

F

② チョキ チョキ チョキ チョキ チョキ チョキ チョキ チョキ
③ パ パパー パ パパー パー パー パー パ パパー パ パパー パー パー パー

> ②のパートが入ります
> 前半と同じリズムです

G

① グー グー グー グー グー グー グー グー グー
② チョキ チョキ チョキ チョキ チョキ チョキ チョキ チョキ
③ パ パパー パ パパー パー パー パー パ パパー パ パパー パー パー パー

> ①のパートが入ります
> **C**と全く同じです

H

① さい しょは グー ジャン ケン ポン
② さい しょは グー ジャン ケン ポン
③ さい しょは グー ジャン ケン ポン

> 先生とじゃんけんです

おわりに

　小学校のクラスづくりは，クラスが温かい雰囲気で包まれ，子どもたちと先生の信頼関係が成り立っていることが理想です。そのようなクラスでは，教師の教育技術や教え方に多少力量不足の点があっても，子どもたちとの信頼関係が成り立ち，充実した授業が展開されます。

　ぜひ，本教材を活用して，「ボディパーカッション de クラスづくり」を実践していただきたいと思います。そして，特別支援が必要な子どもたち，控えめで自己表現が苦手な子どもたち，楽器や歌が苦手な子どもたちも一緒に取り組んでみてください。

　最初，この本を手に取られた時，たった四つの簡単なリズムパターンの組み合わせだけで，本当に音楽が楽しめるのだろうかと思われた方もいると思います。中には，「こんな簡単なリズムの組み合わせで，高学年の子どもたちが楽しめるのかな？」と疑問を持たれた方もいると思います。しかしご心配はいりません。本書の64ページに掲載されているFILE27の「サンフラワー・ステップ＆ランニング」などは，途中に簡単なステップやアドリブ（創作した8拍程度のパフォーマンス）を入れるだけで，久留米大学附設高校の生徒（10年ほど前から，ボディパーカッションと創作和太鼓を定期的に指導しています）も，リズムパフォーマンスとして毎年楽しく取り組んでいます。みなさんも，子どもたちを前にしてボディパーカッションの授業を行った時，"リズムの持つ不思議な魅力"を感じることができるでしょう。

　私が，今までボディパーカッション教育を行う中で一番印象的だった出来事は，1997年に初めて福岡県立久留米聾学校（聴覚障害）で取り組んだ授業でした。音から一番遠い位置にいる聾学校の生徒が音を楽しむことができたからです。ある生徒は「歌やリコーダーが苦手だったけど，音程を気にせず，体の振動を感じて，目で見てみんなとピッタリに合わせられる，そんな音楽が楽しくてたまりません。」と言ってくれました。"楽器や歌が苦手な子も音楽が楽しめる"ことを実感した瞬間でした。

　今回，はじめてボディパーカッションに取り組もうと思った先生方，まずは，本書23ページでもご紹介したサイトにて実際の活動風景をご覧ください。必ず，自分のクラスでもできると感じていただけるのではと思います。そして，本書とともにボディパーカッション教育のご指導にお役立て頂きたいと思います。

　リズム遊び，ボディパーカッション演奏の動画サイト　http://www.body-p.com/makeclass/

　最後に，明治図書出版教育書部門編集部の木村悠様には，編集にあたって，クラス担任をされている先生方のよき教材にしたいという心暖かい視点で，様々なアイデアやご意見を頂きました。この場をお借りして心から感謝申し上げます。ありがとうございました。

山田　俊之

【著者紹介】

山田　俊之（やまだ　としゆき）

福岡県久留米市立小森野小学校教頭。
九州大学大学院人間環境学府教育システム専攻修士課程修了。
1986年11月，小学校4年生の担任の時，学級活動の中で誰でも簡単にできる手拍子，ひざ打ち，おなかをたたく，声（ボイス）を出すなどのリズム身体表現活動を「仲間に入りにくい子どもも一緒にできる取り組み」として考案し，誰でも一緒に楽しめる教育教材「ボディパーカッション」と名づけた。その後，現職教諭として小学校，養護学校（知的障害），聾学校（聴覚障害），適応指導教室（不登校児施設），学童保育所などの教育現場でボディパーカッション教育を取り入れた実践と研究を重ねている。
2001年，2004年，2006年に，NHK交響楽団第一コンサートマスター篠崎史紀氏と「NHK交響楽団トップメンバーとボディパーカッション演奏会」を企画，久留米市内の小・中学生（健常児），久留米聾学校（聴覚障害）生徒，久留米養護学校（発達障害）生徒との共演コンサートを実現する。
2002年（平成14年），広島市ビックアーチで行われたスポレク広島2002全国大会（主催文部科学省）開会式で，「5万人のボディパーカッション」を企画指導する。
ボディパーカッション曲の代表作品「花火」は，平成17年度文部科学省検定済小学校3年音楽科教科書『音楽のおくりもの』（教育出版）に採用される。
現在，九州大学大学院人間環境学府教育システム専攻博士後期課程に在籍し，「子どものコミュニケーション能力を高めるボディパーカッション教育」について研究を行っている（「生徒のコミュニケーション能力を高める『ボディパーカッション教育』の展望　～特別支援教育発展の手がかりとして～」九州大学大学院教育学コース　院生論文集「飛梅論集」第9号，2009年）。2009年，第44回NHK障害福祉賞最優秀を受賞。

〈所属学会〉
日本カリキュラム学会，九州教育経営学会，生活体験学会，日本音楽教育学会，日本音楽教育実践学会，日本音楽療法学会，日本学校教育相談学会

〈主な著書・教材〉
『ボディパーカッション入門』『楽しいボディパーカッション①リズムで遊ぼう』『楽しいボディパーカッション②山ちゃんのリズムスクール』『楽しいボディパーカッション③リズムで発表会』『体がすべて楽器です！ザ・ボディパーカッション　ほかほかパン屋さん』『体がすべて楽器です！ザ・ボディパーカッション　ケチャ風お茶漬け』『体がすべて楽器です！ザ・ボディパーカッション　B級グルメパーティ』（何れも音楽之友社）

✉ e-mail　yamada@body-p.com　　🖥 ホームページ　http://www.body-p.com/index.htm

---

ボディパーカッション de クラスづくり
──すべての子どもとからだでコミュニケーション──

2011年3月初版第1刷刊　Ⓒ著者　山　田　俊　之
2011年11月初版第3刷刊　　　発行者　藤　原　久　雄
　　　　　　　　　　　　　　発行所　明治図書出版株式会社
　　　　　　　　　　　　　　　　　http://www.meijitosho.co.jp
　　　　　　　　　　　　　　（企画・校正）木村　悠
　　　　　　　　　　　　　　東京都豊島区南大塚2-39-5　〒170-0005
　　　　　　　　　　　　　　振替00160-5-151318　電話03(3946)3152
　　　　　　　　　　　　　　ご注文窓口　電話03(3946)5092

＊検印省略　　　組版所　松澤印刷株式会社

本書の無断コピーは，著作権・出版権にふれます。ご注意ください。

Printed in Japan　　　　　　　　ISBN978-4-18-786412-9
JASRAC 出 1014597-103